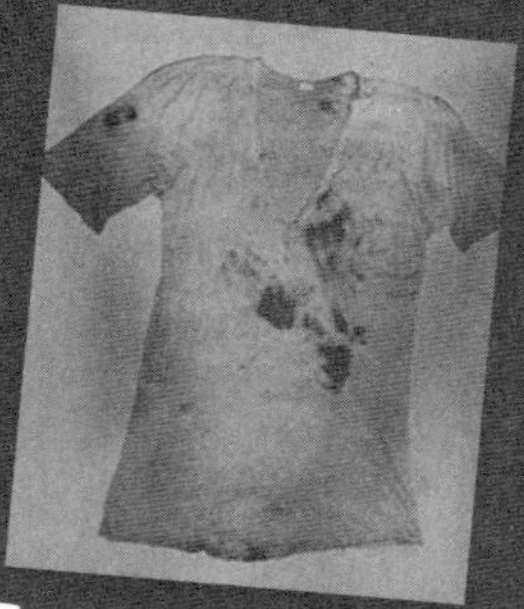

袴田事件 これでも死刑なのか

小石勝朗
Katsurou Koishi

目次

第3部■即時抗告審で浮き彫りになった「おかしな点」 65

第4部 DNA鑑定をめぐる攻防

袴田事件　これでも死刑なのか

第1部

覆された再審開始決定——本当に「死刑が妥当」なのか

1 悪意に満ちた決定

２０１８年６月11日、東京・霞が関の東京高等裁判所前は本降りの雨だった。狭い歩道は、報道関係者と袴田巖《はかまだいわお》さん（82歳）の支援者とで溢れかえっている。雨合羽を着込み、何とか写真が撮れる場所に陣取って、決定文が交付される午後１時30分を待つ。

１９６６年に静岡県清水市（現在は静岡市清水区）で一家４人が殺害された「袴田事件」で、死刑が確定した元プロボクサーの袴田さんに対し、高裁が再審を始めるかどうかの判断を示すのだ。

２０１４年３月に静岡地方裁判所が出した決定は、再審開始を認めている。これを不服とする検察が申し立てた東京高裁での即時抗告審である。袴田さんサイドから取材をしてきた感触として、私には妙な安心感があった。

ところが、なんだか様子がおかしい。テレビのレポートなのか携帯電話の会話なのか、どこからか「再審請求を棄却です」との声が聞こえてくる。幻聴かと耳を疑いながら、「え？」「え？」と何度も口に出していた。やがて庁舎から出てきた弁護士が掲げたのは「不当決定」の垂れ幕。しばらく、何が起きたのかよく分からないまま、カメラのシャッターを押していた。どんよりとした空の重苦しさと雨のしずくの冷たさが、妙に印象に残っている。

高裁前で掲げる垂れ幕は、「不当決定」のほかに、支援者が２枚を準備していた。「再審開始」と「検察の抗告を棄却」。前者は静岡地裁の決定の時に掲げたもの、後者は冤罪被害者の桜井昌司さん（布川事件）、菅家利和さん（足利事件）と再審請求中の石川一雄さん（狭山事件）が分割して書いた文字を貼り合わせたものだった。

垂れ幕を掲げるために高裁の１階で待機していた若手弁護士たちも「まさかと思った」と振り返っている。上階で決定文を受け取った弁護士から携帯電話で連絡を受け、「固まってすぐ動き出せる状態ではなかった」。決定文の内容を検討するため会議室に移ってからも、弁護団

再審請求棄却の逆転決定を支援者に伝える弁護士＝2018年6月11日、東京高裁前（撮影／小石勝朗）。

のメンバーはしばらく誰も言葉を発しなかったそうだ。

私自身も実感がないまま、その後の記者会見に出て帰宅した。高裁決定に対する疑問が、そして怒りが湧いてきたのは、少し時間が経った後だった。

悪意に満ちた文章――。決定文にざっと目を通した段階で、そう感じた。不自然・不可解な点に十分にこたえないまま、徹底して袴田さん側の主張を否定し、相反する検察の主張をそのまま採用している。本書でのちに取り上げるが、たとえば「衣類の色」や「焼けたお札」をめぐる証拠を前にして、静岡地裁の再審開始決定とこれほどまでに評価が食い違うことがあるのだと、裁判官の思考回路に首を捻らないわけにはいかなかった。

それにしても、決定文を書いた裁判官たちは、この無機質な文章の重みを本当に理解しているのだろうか。

主文　原決定を取り消す。

本件再審請求を棄却する。

意味するところは、袴田さんを「死刑に処す」とした確定判決を維持することだ。つまり、いったん再審開始決定が出て「無罪」を前提に釈放された袴田さんを、再び死刑執行の淵に連れ戻す、ということに他ならない。あとで触れるが、袴田さんの釈放を取り消さなかったとしても、その本質に変わりはない。

袴田さんの弁護団が最高裁への特別抗告の申立書に「裁判長らに『無実の者を死刑にするかもしれない』という怖れが決定的に欠如していた」と書いた理由を、十分に理解できるところである。

2　弁護側主張をことごとく否定

東京高裁（大島隆明裁判長、菊池則明裁判官、林欣寛裁判官）の決定を見てみよう。

静岡地裁の決定は、再審開始の要件である「新規・明白な証拠」の柱として本田克也・筑波大教授（法医学）のDNA鑑定結果を認めたが、高裁ではその手法の有効性が争点になった（詳しくは第4部で取り上げる）。

高裁は決定で、唾液や皮脂などが混じった可能性のある血痕から血液のDNAだけを取り出す本田氏の（細胞）選択的抽出方法に対し、「科学的原理や有用性には深刻な疑問が存在している」と否定的見解を示し、地裁決定がこの手法を「過大評価している」と批判した。

本田氏は、死刑判決が袴田さんの犯行着衣と認定した「5点の衣類」にこの手法を利用し、衣類に付いた血痕のDNA型が袴田さんや被害者4人とは一致しないとの鑑定結果を出したが、高裁は「信用できない」と結論づけた。

地裁がもう1つの新証拠と認めたのは、弁護団と支援者が独自に実施した「味噌漬け実験」の結果だった。5点の衣類が発見まで1年以上も味噌に漬かっていたとの死刑判決の認定に対し、それにしては発見直後の衣類の色の染まり具合が薄く、さほど味噌の色に染まっていないことに疑問を抱いたのがきっかけだ。実際に1年2カ月間、味噌に漬けた衣類は、もとの色や血痕が分からないくらい濃く染まるという内容だった（第2部参照）。地裁は、5点の衣類が「長期間味噌に漬けられていたにしては不自然」と判断した。

これに対しても高裁は、5点の衣類を発見直後に撮影したカラー写真が「色の劣化や撮影の露光オーバー等」により実際の色合いを正確に反映していないとの見解を示した。さらに、5点の衣類が見つかったタンクで醸造されていた味噌の色は薄く、「(弁護団の）実験で用いられた味噌の色とは相当異なる」と認定。地裁決定が、弁護団の味噌漬け実験の「証拠価値を不当に高く評価した」と切り捨てた。

袴田さんがもとの裁判の段階で、5点の衣類のズボンの装着実験をしたところ、太腿でつかえてはけなかったことは、よく知られている。死刑判決はタグの「B」を根拠に、もともと大きなサイズだったのが長期間、味噌に漬かってから乾燥したため縮んだと認定したが、第2次再審請求の審理で、「B」は色を示しておりズボンは「Y体4号（ウエスト76センチ)」との証拠が新たに開示された。

高裁決定は、確定審の死刑判決の認定が誤りだったと明記してはいる。しかし、袴田さんが事件当時使っていたとされるベルトは、内径72~73センチの穴が「他の穴より広がっており、多く使用された形跡があった」と論点を転換して、「ウエストサイズをみる限り、袴田さんが事件当時、このズボンをはけなかったとは言えない」と断定した。

「B体のズボンだった」という誤った認定は死刑判決の支えになっていたのに、間違った原因の十分な検証や、重要な証拠を隠し続けていた警察・検察への批判もないまま、ズボンが袴田さんのものだとする理由だけをあっさり変えてしまったのだ。

高裁決定を受けた弁護団の記者会見には、大勢の報道関係者と支援者が詰めかけた＝2018年6月11日、弁護士会館（撮影／小石勝朗）。

高裁はまた、地裁決定が指摘した「警察による証拠捏造の疑い」に対しても「具体的な根拠に乏しく、抽象的な可能性を言うに過ぎない」と退け、「袴田さんを犯人とした死刑判決の認定に合理的な疑いが生じていないことは明らかである」と言い切った。

唯一の救いがあったとすれば、地裁が出した「死刑と拘置の執行停止」を覆すことはせず、袴田さんの再収監を避けたことだろう。高裁は「袴田さんの年齢や生活状況、健康状態などに照らすと、逃走のおそれが高まるなどして刑の執行が困難になるような現実的危険性は乏しい」として、「再審請求の棄却決定が確定する前に執行停止を取り消すのが相当であるとまでは言い難い」と述べている。

その結論自体を否定するつもりはない。しかし、死刑確定者の再審請求を棄却しておきながら、釈放は取り消さないという矛盾した内容であることは確かだ。

「高裁の自信のなさの表れ。世論の批判を恐れて最高裁へゲタを預けた」と一貫しない論理をさまざまに揶揄されるゆえんである。

さて、決定が出されて1時間半後に始まった弁護団の記者会見には、強い怒りが渦巻いた。「非常に残念」「到底承服できない」「結論ありき」「非常識な判断」「強い偏見と思い込み」「手抜き決定」「冤罪決定」……といった言葉が各弁護士から口々に発せられ、「裁判所が信用できる存在ではなかったことを改めて確認した」と諦観めいた発言も出た。

そうした中で、袴田さんの姉の秀子さん（85歳）が「たいへん残念な結果ですが、身柄の拘束をしないとのことで一安心しています」と淡々と語り、「本当のことは正しい目できちんと調べれば分かる。50年闘ってきたのですから、これからも頑張っていきます」と力を込めたのが印象的だった。袴田さんはこの日、自宅のある静岡県浜松市にとどまり、上京しなかった。

一方の東京高検は「法と証拠に照らし、適正かつ妥当な判断であると理解している」との談話を出した。

3　最高裁へ特別抗告

袴田さんの弁護団は東京高裁の決定を不服として、その決定から1週間後の6月18日、最高裁へ特別抗告した。

申立書では、本田氏による5点の衣類のDNA鑑定において選択的抽出方法は補足的な手順だったと強調し、高裁決定は「選択的抽出方法に対する批判を足がかりとして、本田氏個人の資質や本田鑑定のデータに疑問や不信があるかのごとき印象操作を行い、結果的に鑑定全体の信用性を貶めようとするもので、著しく不当だ」と反発した。そして「科学的な証拠が示した結果に対する評価の姿勢として、根本的な誤りを犯した」と決定を非難した。

味噌漬け実験をめぐっても、5点の衣類の発見直後のカラー写真には「一定の退色が認められるものの、大まかな傾向すら把握できないほどに劣化・退色しているようには見えない」と主張。5点の衣類が発見されたタンクの味噌の色が薄かったとの認定に対しては、高裁の審理に入ってから証言した元従業員が「いずれも高齢で、40年以上も前の記憶に基づく供述であり、色についての正確な記憶を保っているとは考え難い」と反論した。

また、5点の衣類が捏造だった疑いを高裁が「抽象的な可能性」としたことについても、「弁護側が具体的に捏造のプロセスを主張・立証せよ」と言うに等しく、「疑わしきは被告人の利益に」との刑事裁判の鉄則に反する、と批判した。

そのうえで高裁決定が、①個々の新証拠を短絡的に否定するだけで、旧証拠と合わせた場合に犯罪事実に合理的な疑いが生じないかの「総合評価」をしていない、②弁護団に反対尋問や反証の機会を与えず、結審間際に検察が出した法医学者らの意見書を無条件に採用した——といった点が憲法や判例に違反する、と主張した。

再審請求の舞台は最高裁へ移るが、地裁や高裁の時以上に外から審理の様子は見えなくなる。最高裁が判断を示す時期の見当はつかず、何らかの意図を持って何年も「塩漬け」にされるかもしれない。逆に、前触れもなく決定が出され、高裁の再審請求棄却が維持された場合には、袴田さんの身柄が突然拘束されて再収監されるおそれもある。

最高裁には、それこそ高裁決定が言及したように、袴田さんの年齢や生活状況、健康状態を十分に考慮のうえ、誰もが納得できる方法で誰もが納得できる結論を出してほしい、と願うばかりだ。

4　弁護団長・西嶋勝彦弁護士インタビュー（2018年6月28日）

東京高裁の決定を受けて、弁護団長の西嶋勝彦弁護士にインタビューした。

――改めて高裁決定の受けとめを。

よもや再審開始決定が取り消されるとは考えてもいませんでした。「ＤＮＡ鑑定」を潰せば静岡地裁の再審開始決定を覆せるという意気込みのもと、結論先にありきで出された不当な決定です。

――高裁は、地裁が「新規・明白な証拠」と認めた本田克也・筑波大教授のＤＮＡ鑑定結果の信用性を否定しました。

決定は本田氏の批判に終始しています。本田氏の手法の検証実験を委嘱した鈴木廣一・大阪医科大教授が勝手な実験をして、その報告書が決定に使えなかったので、検察が法医学者を動員して結審間際に出してきた意見書に飛びつきました。いずれも実験に基づかない観念的な論考で、本田氏の鑑定手法を寄ってたかって攻撃しています。

高裁は、本田氏の選択的抽出方法の有効性を否定する論拠として「研究途上の段階の手法」であることなどを挙げていますが、海外で評価されていることは軽視しています。まことに不当な論法です。

——弁護団が独自に実施した選択的抽出方法の「再現実験」では、DNA型が検出できていますね。

本田氏と鈴木氏の尋問に先立ち、DNA抽出に素人の弁護士と大学生が本田氏の手法で実験したところ、12年前の血痕や長期間味噌に漬けた血痕からも、わずか8時間でDNA型を検出できたのです。その様子を映像に収め、尋問の際に裁判官の前で再生しながら本田氏が原理や方法を説明しました。

しかし、高裁決定は、この実験は本田氏の指導・監督のもとで行われているから証拠価値はない、と言うのです。厳密に本田氏の手法を検証するのが目的ですから、指導があろうがなかろうが、正しくDNA型が検出できたのなら成功と認めるべきです。

——決定は、本田氏が実験データを消去しているとか実験ノートがないとか、弁護団が検証実験に非協力的だったなどとも指摘しています。

本田氏は、地裁段階で求められた実験データはほとんどすべて出していますし、高裁からはデータの提出を求められていません。実験ノートにしても「選択的抽出方法はマニュアル通りに行うだけで、データもコンピューターに入力するだけ」などと、高裁の尋問でノートがない理由を説明しています。この点について、裁判官から質問はありませんでした。本田氏に対する高裁のスタンスには「坊主憎けりゃ袈裟まで」という言葉を連想させます。
弁護団が検証実験に協力的でなかったのは、高裁の目的が検察の提案を鵜呑みにして、再審開始決定を覆そうとしているのではないかという疑念を払拭できなかったからです。決定はそうした背景や経緯を顧みずに、本田鑑定を誹謗中傷しているのです。

――5点の衣類の色をめぐる「味噌漬け実験」の証拠価値も否定されました。

当時と全く同じ味噌によるを再現実験するのが難しいことは分かっています。地裁の決定はそれを前提に、長期間味噌に漬かっていたにしては5点の衣類の色は薄いという大まかな傾向をもとに、常識的な判断をしたのです。なのに高裁は、写真の劣化とか味噌の色が違うとか、あれこれと難癖をつけ、しかも信用性に乏しい元従業員の証言に依拠して、私たちの実験の結果を過小評価しました。
高裁段階で検察が行った「味噌漬け実験」でも、味噌に1年2カ月間、漬けた衣類は濃く染まっているのに、そういうところは素通りしています。証拠価値を意図的に否定しようと思えば、いくらでもできるのです。高裁は、弁護側に厳格な証明を要求する一方で、検察の主張には甘いスタンスを取ったと言わざるを得ません。

――地裁が指摘した「証拠捏造の疑い」も切り捨てています。

高裁は「具体的な捏造のプロセスや方法を弁護団は主張も、立証もできていない」と言っています。しかし、そんな要求にこたえるのは無理なことですし、そもそも私たちは多くの証拠を評価した時に「捏造としか考えられない」と主張しているだけです。高裁の理屈は、再審にも適用される「疑わしきは被告人の利益に」という刑事裁判の鉄則を踏み外しています。

静岡地裁の再審開始決定がはっきりと「権力犯罪」を認定したので、高裁には「権力による捏造を軽々に言うべきではない」という抵抗感があったのかもしれません。

――高裁審理では、取調べの様子を録音したテープが証拠開示されました。

48時間分ありました。取調べは「証拠ゼロ」からスタートするも、袴田さんが疲労困憊し、警察官の立てたストーリーに沿って「自白」させられていく様子が如実に分かります。警察官が取調室に便器を持ち込んで袴田さんに小便をさせるなど、捜査が違法行為のオンパレードだったことも明白になりました。その中でつくられた事件であり、こうした取調べはでっち上げの端的な例なのです。

しかし、高裁は「取調べの方法には、供述の任意性や信用性を確保する観点からは疑問と言わざるを得ない手法が含まれていた」と認めながら、こうした取調べの状況を「5点の衣類の捏造と結び付けることは、かなり論理の飛躍がある」と取り合いませんでした。裁判官はテープをほとんど聞いていないのでしょう。

――最高裁への特別抗告の申立書では、新旧証拠の「総合評価」が形だけだと強調していま

す。

新しい証拠が一定の内容をもったものである場合、それがもとの裁判が結審する前に古い証拠とともに出ていたなら判決はどうなっていたか、という観点から評価すべきと最高裁の判例はうたっています。総合評価によって当時の判決に合理的な疑いが生じるようなら、「新規・明白な証拠」と捉えて再審開始を認めるという考え方です。

しかし、今回の高裁決定は弁護側にハードルが高い証明力を要求して、DNA鑑定や味噌漬け実験といった新証拠を単品で潰すだけにとどまっています。DNA鑑定がなかったとしても、

西嶋勝彦（にしじま・かつひこ）弁護団長（撮影／小石勝朗）
1941年、福岡県生まれ。中央大学卒業。司法研修所修了（17期）。1965年弁護士登録（東京弁護士会）。袴田事件弁護団長の他、日弁連刑事拘禁制度改革実現本部副本部長等の要職も務める。数々の冤罪、再審事件の弁護に関わる傍ら、日弁連拘禁二法案対策本部事務局長を1987年から足かけ18年間務める。著作に『世界に問われる日本の刑事司法』（共編著、現代人文社、1997年）、『死刑か無罪か——えん罪を考える』（共著、岩波ブックレット、1984年）等がある。

この事件にはおかしい点はたくさんあるのに、です。

――審理の進め方も批判していますね。

本田氏と鈴木氏の尋問が終わり、結審間際になって検察が出してきた法医学者らの多数の意見書を、高裁は弁護団の反対尋問や反証の機会を設けることなく採用しました。これは憲法37条2項に違反しており、証拠能力を否定されるべきです。

一方で、弁護団が申請した証人は採用しませんでした。たとえば、のちに5点の衣類が発見される味噌タンクを事件直後に調べた元警察官や、5点の衣類のズボンの端切れを袴田さんの実家で「発見」した元警察官です。裁判所がやろうと思えば尋問ができる時間はあったのに、多くの疑問点を解消しないまま手抜きで決定を出してしまいました。

――証拠開示については、どうだったのでしょうか。

録音テープをはじめ、検察がこれまで「ない」と言っていた重要な証拠が高裁審理に入って出てきたことには、むしろ不審の念が募ります。録音テープにしても、袴田さんが「自白」に転ずる肝心の場面は入っておらず、他にもテープがあるのではと疑念を持っています。

弁護団はせめて検察が所持する証拠のリストを出すよう求めましたが、高裁は検察に対して開示命令を出さず、勧告しかしませんでした。その勧告も、検察が「裁判所から開示を勧告された事実はない」と開き直るような中途半端なものでした。

――それにしても、高裁審理の4年は長かったですね。

鈴木氏の検証実験に時間がかかりすぎました。委嘱した2016年1月の時点では、半年あれば結果はまとまると見ていましたが、最終報告書が出たのは1年5カ月も経った2017年6月でした。その間、高裁が鈴木氏に催促などをせず、私たちに経過報告もなかったことは、遺憾に思っています。

しかも、それだけの時間をかけたのに、鈴木氏の実験報告書は委嘱事項にこたえていない不十分なものでした。本田氏の手法の検証なのに器具や手順が違っている。DNA型を検出できているにもかかわらず、時間をかけてやり直し本田氏が使った試薬がDNAを分解すると問題をすり替え、「結果的には不適切な方法論」と結論づけたのではないかと疑われます。

DNA鑑定の議論は地裁段階でやり尽くしており、こうした検証実験を実施して時間を空費させた高裁の責任は免れません。そもそも高裁での即時抗告審は、地裁の決定に不合理な点があれば審理するだけで、時間をかけてやり直すところではありません。4年というのは異常です。

――最高裁の審理にどう臨みますか。

本田氏の鑑定手法の正当性を立証するために、他の法医学者の協力を仰ぎたいところですが、国内では見つかっていません。周辺分野や海外も視野に、専門家を探していくつもりです。意見書などが得られれば、最高裁へ主張の補充書を提出していきます。

　高裁決定も、袴田さんの釈放までは取り消せませんでした。再審開始こそが正義にかなっているという地裁決定の重みを、否定しきれなかったのではないでしょうか。たしかに特別抗告は狭き門ですが、あまりに憲法と再審法理を無視した今回の決定は、最高裁も見過ごせないと信じています。同時に、私たちも狭い裁判の中で闘うだけでなく、社会へ、世界へと、広い土俵で支援の輪を広げていきたいと思います。

第2部

画期的な地裁の決定、そして曲折

２０１４年3月27日、静岡地方裁判所が袴田巖さん（78歳）に出した再審開始決定は衝撃的だった。

決定の主文には「本件について再審を開始する」と書かれているだけではない。死刑の執行を停止するとともに、拘置の執行停止、つまり袴田さんの釈放をも認めたのだ。理由の中で「拘置をこれ以上継続することは、耐え難いほど正義に反する」と述べている。

袴田さんは同日中に東京拘置所を出た。事件発生から1カ月半後の１９６６年8月に逮捕されて以来、実に47年7カ月ぶりのことだった。

しかし、検察が即時抗告したために、再審請求の審理は舞台を東京高等裁判所に移して続く。検察は再審開始決定を取り消させようと徹底抗戦し、高裁が実施したＤＮＡ鑑定手法をめぐる検証実験がズルズルと長引いて、即時抗告審は4年にも及んだ。

その間、高裁が検察寄りとも取れる訴訟指揮を見せたこともあり、「地裁の再審開始決定がひっくり返されて、袴田さんは再収監されるのではないか」との疑念が弁護団や支援者の間に広がることになる。

第2部では、静岡地裁の決定がどんな内容だったのか、東京高裁の審理がどういう経緯をたどったのか、を振り返る。

まずは、静岡地裁の審理のポイントを、再審開始決定が出る前の記事でおさらいしたい。

1　再審開始か、地裁審理がいよいよ大詰め（2013年12月25日）

事件発生から半世紀近くが経ってようやく、隠されていた真実が少しずつ明らかになっている。おかしな点がいくつも指摘されたにもかかわらず、司法は死刑判決を確定させ、再審（裁判のやり直し）の求めにも耳を貸そうとしてこなかった。やり直すにはあまりに遅すぎるけれど、やり直さないよりははるかに良い。

一貫して無実を訴え続けてきた死刑囚、元プロボクサーの袴田巖さんの再審開始を認めるかどうかの審理が、静岡地方裁判所（村山浩昭裁判長）で大詰めを迎えていた。2008年4月に起こした第2次再審請求である。2013年12月16日に、姉の袴田秀子さんと弁護団、検察がそれぞれ最終意見陳述（非公開）をして、審理は終結した。2014年春にも地裁は決定を出す見通しだった。

(1)「袴田事件」とは

改めて「袴田事件」を振り返っておこう。

1966（昭和41）年6月30日未明、静岡県清水市（現在は静岡市清水区）で起きた強盗殺人・放火事件である。被害者は、味噌製造会社の専務一家4人。この会社の住み込み従業員だった袴田さんが逮捕され、捜査段階でいったん犯行を「自白」したものの、裁判では一貫して否認した。しかし、一審・静岡地裁の死刑判決が1980年に最高裁で確定。事件の約1カ月半後に逮捕されて以来、袴田さんはずっと囚われたままで今日に至っている。

そもそも、裁判の経過からして怪しい点が多かった。その最たるものが「5点の衣類」（ステテコ、半袖シャツ、スポーツシャツ、ズボン、ブリーフ）だ。事件発生から1年2カ月も経って、犯行現場そばの味噌工場の醸造タンクから、麻袋に入って味噌に漬かった状態で見つかった。それらのいずれにも血痕があった。

実は起訴段階では、袴田さんは犯行時にパジャマを着ていたことになっていた。第2次再審請求の静岡地裁で証拠開示された「自白」後の本人の供述録音テープ（1本）でも、そういう筋書きになっている。ところが、5点の衣類が発見されるや否や、検察は犯行着衣をあっさりと変更した。自らが立てた犯行のストーリーを根底から覆すという極めて異例の対応だった。

血液型をもとに、5点の衣類の血痕は被害者の返り血で、半袖シャツの右肩の血痕だけは被害者ともみ合った際にけがをした袴田さんのものとされた。そして、このズボンと同じ布の端切れが袴田さんの実家のタンスから見つかったとして、本人が否定したにもかかわらず検察は5点の衣類を袴田さんの犯行着衣だと主張。裁判所も認めて、死刑判決の大きな拠り所にしてしまった。

(2) 弁護団の最終意見書

第2次再審請求で袴田さんの弁護団は、5点の衣類が袴田さんのものではなく、犯行着衣でもないことの立証を最重点に据えた。静岡地裁の訴訟指揮によって、新たな鑑定や検察が持っている583点の証拠の開示が行われ、これまで判明していなかった「事実」が少しずつ見えてきた。

弁護団は静岡地裁に提出した229頁からなる最終意見書で、こうした新証拠を並べ、再審開始を強く求めている。その内容をかいつまんで紹介する。

①　シャツの血痕のＤＮＡ型は袴田さんと一致しなかった

静岡地裁の審理で最大の出来事は、５点の衣類に付いた血痕のＤＮＡ鑑定が実施されたことだ。焦点は２つ。１点目は、半袖シャツの血痕が袴田さんのものかどうか。もう１点は、殺害時の返り血とされた血痕が被害者４人のものかどうか、である。

血痕のＤＮＡ鑑定は第１次再審請求（２００８年３月に最高裁が棄却）でも実施されたが、２０００年に出た結論は「鑑定不能」だった。しかし、ここ10年余の技術の進歩は著しく、半世紀近く前の血痕でも鑑定ができると分かって実現した。袴田さんの弁護団、検察の双方がそれぞれ学者を鑑定人に推薦し、裁判所が委嘱した。

その結果、半袖シャツの血痕について、弁護団推薦の本田克也・筑波大教授は袴田さんのＤＮＡ型と「不一致」、検察推薦の山田良広・神奈川歯科大教授（法医学）も「完全に一致するＤＮＡは認められなかった」と結論づけた。双方の鑑定人が「血痕は袴田さんのものではない」との評価で一致したことになる。「袴田さんがこのシャツを犯行時に着ていた」と断定した死刑判決の構造が否定されたと言っていいだろう。

さらに、被害者のものとされた血痕についても、本田氏は「被害者の血液は確認できなかった」としたうえで、「血縁関係のない、少なくとも４人以上の血液が分布している可能性が高い」と分析した。被害者は夫妻と子ども２人の家族なのに、「血縁関係のない」とされているところが注目される。被害者一家とは別人の血液が、何らかの形で事件の前か後かに付いたというわけだ。

弁護団は最終意見書で「科学的でかつ揺るぎない無実の証拠」「決定的な新規かつ明白な証拠」と主張している。

② ズボンのタグの「B」はサイズではなく色だった

もとの裁判の段階で、1970年代前半に5点の衣類のズボンを袴田さんがはいてみる実験をしたところ、そのズボンが小さくて入らなかったことはよく知られている。これについて検察は「ズボンが長期間、味噌に漬かった後に乾燥して縮んだため」と主張し、裁判所も認めた。根拠として、ズボンのタグに記された「B」がサイズを示すことが挙げられていた。弁護団は第1次再審請求で「もともと小さいズボンだった」とする繊維鑑定を提出したが、採用されなかった。

ところが、第2次再審請求で開示された証拠に、5点の衣類が発見された直後の、このズボンを製造した業者の調書があった。その中で「B」はサイズではなく、色を示すと説明されていた。ズボンは縮んだのではなく最初から小さいもので、そもそも袴田さんがはけなかった＝袴田さんのものではなかった可能性が強くなった。

しかも、捜査側は当時からそのことを知っていたにもかかわらず、ずっと隠し続けていたのだ。少なくとも袴田さんが法廷の装着実験でズボンをはけなかった段階でその事実が明らかにされていれば、判決は違っていたかもしれない。

弁護団は最終意見書で、繊維鑑定の結果と合わせて「ズボンのサイズは袴田さんには小さすぎて適合せずはけないもので、同人のものではないことはすでに証拠により明白となっている」と強調している。

③ タンクには5点の衣類を隠せるほどの味噌は入っていなかった

5点の衣類は事件発生直後に味噌タンクに投入された、とされてきた。根拠として挙げられたのが、当時タンクには相当量の味噌が入っており、奥の方では20～30センチの深さがあった可能性がある、ということだった。死刑判決も「5点の衣類を隠すのは十分可能だった」と認定した。

ところが、第2次再審請求で検察が開示した証拠の中に「事件発生直後のタンク内の味噌の量は80キロだった」との捜査報告書があった。

タンクは、高さ1・65メートルで、底は2メートル四方。弁護団が再現実験をしたところ、80キロの味噌だと深さは平均1・5センチにしかならず、ほとんど空の状態に等しかった。仮に味噌を1カ所に集めて5点の衣類が入った麻袋を埋めたとしても、そこだけ山のようになって不自然で、弁護団は「直後に行われた警察の捜索で発見されないことはあり得ない」とみている。

④ 5点の衣類の着色は短時間、味噌に漬ければ作り出せる

5点の衣類が本当に1年2カ月もの間、味噌に漬かっていたのか。人の血液を付けた衣類を味噌漬けにして変化を見る実験を、袴田さんの支援団体が中心になって実施した。実験報告書は第2次再審請求の新証拠として弁護団が静岡地裁に提出し、実験の中心になった支援者の証人尋問が行われた。

5点の衣類が発見された当時の実況見分調書によると、白色だったシャツやステテコは「薄茶色」になっており、血液部分の赤みは「濃赤褐色」「黄褐色や亜淡赤褐色」と表現されている。第2次再審請求で証拠開示されたブリーフのカラー写真も、生地の緑色がはっきり分かり、付着している血液の赤みも識別できる。5点の衣類全般に着色の度合いは薄く、濃淡にムラがあったという。

しかし、実験の結果、長期間味噌に漬けると、シャツやステテコは味噌とほぼ同じ色にムラなく一様に染まることが判明した。緑色の衣類は黒色に近くなり、もとの色は識別できなくなった。いずれも、血液の赤みは完全に消失していた。

支援団体のメンバーは「5点の衣類の発見時の状態は、20分も味噌に漬ければ作り出せる」と分析。弁護団は最終意見書で「5点の衣類は長期間にわたって味噌漬けにされたものではないことが強く疑われ、発見直前に味噌タンク内に隠匿された可能性が強く示唆される」と述べている。

⑤　袴田さんのアリバイにつながる同僚の証言があった

袴田さんが疑われた理由の1つに、真犯人の放火によって起きた専務宅の火災が鎮火する頃まで姿が見えず、アリバイがないことが挙げられていた。

しかし、この点についても、第2次再審請求で証拠開示された事件当日の捜査報告書の中に、火災発生直後や消火活動中に袴田さんを見たという証言があった。複数の同僚が「火事をサイレンで知り、表に出るとき後ろから袴田が来ていた」「袴田はパジャマ姿で（消火活動に）飛び回っていた」と語っていた。

事件の10日後くらいから、同僚らは「袴田には気づかなかった」「姿は全然見なかった」と説明を変えていく。弁護団は「捜査機関が誘導し、最終的に公判で虚偽の供述をさせている」と批判している。

――と、主な論点だけ挙げても、これだけの新たな事実と疑問点が浮き彫りになった。

弁護団は、ズボンと同じ布の端切れの発見過程に不審な点があることも指摘し、5点の衣類は「捏造された」と主張している。最終意見書で「本件は『疑わしきは罰せず』との刑事裁判の鉄則を適用するまでもなく、無実の者が死刑にされている冤罪である。裁判所が躊躇なく再審開始を宣言し、袴田巖が1日も早く無罪判決の日を迎えられるようにするのは、司法を担う者としての責任であると思う」と強調した。

(3) 検察の最終意見書

一方、検察は40頁からなる最終意見書で、①DNA鑑定については、試料（血痕）の経年劣化の影響などで、袴田さんや被害者の血液が付着しているかどうかを判断することはできず、鑑定結果に信用性は認められない、②タンクの味噌の量については、「なるべく少なめに報告していた」との従業員の証言がある、③味噌漬け実験については、5点の衣類が漬かっていた状態を正確に再現したものではなく証明力は極めて弱い、④同僚の証言内容は火災確認後についてであり、袴田さんのアリバイを裏づけるものではない——などと反論している。

ズボンのタグの「B」がサイズではなく色だったことの事実関係は認めながらも、袴田さんがこのズボンをはけなかったのは、事件当時からの「体重増加に伴う体型の変化」が原因、との論理を展開。そのうえで「弁護団が提出した証拠はいずれも明白性に欠け、無罪を言い渡すべき明らかな証拠を新たに発見したものとは認められない」と再審請求を棄却するよう求めた。

それにしても、これだけ新たな疑問点が浮かんでくるというだけでも、死刑判決を下したもとの裁判の正当性はもはや失われた、と言えるのではないだろうか。しかも、ズボンのタグの「B」や事件直後の同僚の証言のように、検察が自分たちに不利になる重要な証拠を隠していたことも判明した。

5点の衣類が捏造だったかどうかはあえて問わないとしても、再審にも適用される「疑わしきは被告人の利益に」という刑事裁判の鉄則に照らせば、再審開始の要件は十分に満たしているように感じる。

東京拘置所での袴田さんには、長期の拘置による拘禁反応（精神障害）のほか認知症や糖尿病の兆候が見られるそうだ。第2次再審請求も、保佐人である姉の秀子さんが請求人になっている。しかし、その姉の面会にも2010年夏以降は応じておらず、本人の詳しい様子は分からない。

第2次再審請求の結審にあたり、袴田さん本人の意見を聴くため拘置所を訪れた静岡地裁の裁判官に対しても、刑務官を通じて「嘘なんか言ってもしょうがない。シンイ（「神意」か：筆者注）を聞いて従えばいいんだ」「どうしたって死刑になるんだから」などと伝え、出てこなかったという。

再審を開始するかどうかの静岡地裁の決定がいつになるかは未定だが、袴田さんの健康状態も勘案して、一刻も早い判断を望みたい。

面会ができなくても毎月、静岡県浜松市から東京拘置所に通い続ける秀子さんは、最終意見陳述をこう締めくくったという。

「巖にとっても私にとっても、取り戻すことのできない47年です。巖は固く心を閉ざしながらも、必死で生きるための闘いをしていると思います。その反対側では、張り裂けんばかりの無実の叫びであふれかえっていることと思います。どうぞ、1日も早く再審が開始できますようにお願い申し上げます」。

2　最高の決定が出た、そして、これからのこと（2014年4月2日）

ついに再審開始決定が出た。その内容を見ていく。

(1)　冤罪主張が百パーセント認められた

最初に目を通した時、間違えて弁護団の文章を見ているのかと錯覚するほどだった。これほどストレートに入ってくる裁判所の文章を読んだのは、初めてかもしれない。当の弁護団から

「再審開始決定」を支援者らに報告する袴田秀子さんと西嶋勝彦・弁護団長＝2014年3月27日、静岡地裁前（撮影／校條実）。

「よくここまで踏み込んだ」との感想が漏れるほど、冤罪の主張が百パーセント認められた決定だった。

静岡地方裁判所（村山浩昭裁判長、大村陽一裁判官、満田智彦裁判官）が２０１４年３月27日に出した、元プロボクサー袴田巖さんに対する再審開始決定である。死刑事件で再審が実現して無罪になれば、１９８９年の島田事件・赤堀政夫さん（84歳）以来のことになる。日本の社会を揺るがす大きな出来事に違いない。

私自身、勤務していた新聞社の記者として２００６年に静岡に異動して以来、転勤したりフリーランスになったりしても、「袴田事件」と呼ばれてきたこの事件の取材に関わらせてもらってきた。静岡への着任当時、地元の地方版にさえ全くと言っていいほど事件の記事は載っていなかったことを思い返すと、ここ数日間の報道の過熱ぶりには隔世の感がある。そして、釈放された袴田さんと並んで相好を崩す姉の秀子さんの姿を見るにつけ、本当に良かったと感じる。まずは再審開始決定を素直に喜びたい。

⑵　雪冤の扉を開くまでに48年近くの歳月

静岡県清水市（現在は静岡市清水区）の味噌製造会社の専務宅で一家４人が殺害され、現金が奪われて放火されたのは、１９６６（昭和41）年６月30日未明。住み込み従業員だった袴田さんが逮捕されたのは、１カ月半後の８月18日だった。１日平均12時間にも及ぶ過酷な取調べを受けて、袴田さんは20日目の９月６日に犯行を「自白」させられ、９月９日に強盗殺人と放火、住居侵入の罪で起訴された。

袴田さんは公判では一転、一貫して犯行を否認する。しかし、１９６８年の静岡地裁判決は、死刑。この時の３人の裁判官のうちの１人が、２００７年に「私は無罪を主張した」と告白した熊本典道氏である。袴田さんは控訴、上告したものの、１９８０年に最高裁で死刑判決が確定。すぐに起こした第１次再審請求も認められず、２００８年に最高裁で棄却された。

この事件では、もとの裁判の審理の過程で、すでに数々の疑問点が浮き彫りになっていた。最大のものが、今回の再審開始決定のポイントになった「５点の衣類」だ。血痕の付着した半袖シャツ、ズボン、ステテコ、ブリーフ、スポーツシャツで、現場そばの味噌工場の醸造タンクから麻袋に入って見つかった。事件発生から1年2カ月も経った1967年8月31日のことで、一審公判の途中だった。

検察は、起訴時点でパジャマだった犯行着衣を5点の衣類へと、あっさり変更する。この経緯だけでも十分に怪しいが、一審はこれを追認し、死刑判決の大きな拠り所にしてしまった。5点の衣類の血痕は血液型をもとに、けがをした袴田さんのものと被害者4人の返り血とされ、さらにこのズボンと切断面が一致する端切れが袴田さんの実家のタンスから見つかったとして、5点の衣類は袴田さんのものと判断された。

1970年代前半に東京高裁の控訴審で、このズボンを袴田さんがはいてみる実験が3回行われたが、小さくて入らなかった。しかし、検察は「長期間、味噌に漬かった後に乾燥したため縮んだ」と主張し、裁判所も採用した。

こうした経緯を振り返ると、そもそもこの事件には根幹部分で袴田さんが犯人であることに疑念を抱かせる要素があったことがよく分かる。「疑わしきは罰せず」という刑事裁判の原則に忠実に則っていれば、もっともっと早い段階で無罪になっていたと言えるだろう。雪冤の扉を開くまでに48年近くもの歳月を費やさせてしまったことを、特に司法関係者は深く反省する必要がある。もちろん、この事件に限らず、事件や裁判の報道に携わった経験のある私も、他人事ではいられない。

そして、再審開始決定である。

3　再審開始決定の大きな特徴

(1)　警察による証拠の捏造を指摘

最も注目されるのは、決定が「5点の衣類が袴田さんのものでも犯行着衣でもなく、後日捏造されたものであったとの疑いを生じさせる」と断じている点だ。

しかも、「このような証拠を捏造する必要と能力を有するのは、おそらく捜査機関(警察)をおいて外にない」とまで言及。

袴田さんに対する捜査段階での無理な取調べを挙げて、「人権を顧みることなく、袴田さんを犯人として厳しく追及する姿勢が顕著であるから、捏造が行われたとしても特段不自然とは言えない。公判で袴田さんが否認に転じたことを受けて、新たに証拠を作り上げたとしても、もはや可能性としては否定できない」とも述べている。捜査機関寄りの姿勢が目立つ今日の裁判所にあって、極めて異例の文面に違いない。

実は「捏造」を前面に打ち出すかどうかについては、袴田さんの弁護団の中でも意見が分かれていた。「どう考えたって捏造でしかない」との積極論に対して、「捏造を強く主張しなくたって、袴田さん犯人説に合理的な疑いが生じさえすれば再審開始には十分だ。裁判所をそこまで刺激しなくたっていい」という消極論の方が優勢だったそうだ。決定後、消極論の弁護士は反省しきりである。今の裁判所の一般的なスタンスへの懐疑心が背景にあるにせよ、筋を通すことの重要性を改めて教えてくれている。

では、静岡地裁はどんな理由で「捏造説」に至ったのか。

⑵ DNA鑑定と味噌漬け実験

決定が再審開始の要件となる「無罪を言い渡すべき新規・明白な証拠」に挙げたのは、DNA鑑定と味噌漬け実験である。

DNA鑑定は、弁護団の求めに応じて裁判所が実施し、弁護団、検察双方が推薦する2人の法医学者に委嘱した。

焦点の1つは、被害者ともみ合った際にけがをした袴田さんのものとされてきた半袖シャツ右肩の血痕が、本当に本人のものなのか、だった。弁護団推薦の本田克也・筑波大教授は、袴田さんのDNA型と「不一致」、検察推薦の山田良広・神奈川歯科大教授も「完全に一致するDNAは認められなかった」と結論づけた。袴田さんの血痕、との認定が覆されたのだ。

もう1つの焦点、被害者の返り血とされた血痕が一家4人のものなのかについても、本田氏は「被害者の血液は確認できなかった」としたうえで、「血縁関係のない、少なくとも4人以上の血液が分布している可能性が高い」と分析した。

地裁決定は、本田氏の鑑定の信用性を重くみて、「5点の衣類の血痕は、袴田さんのものでも、被害者4人のものでもない可能性が相当程度認められる」と判断した。5点の衣類に依拠して袴田さんに死刑を言い渡した判決の構造が崩れた。

もう一方の味噌漬け実験は、5点の衣類が本当に1年2カ月もの間、味噌に漬かっていたのかを確認しようと、袴田さんの支援団体が中心になって実施した。5点の衣類とほぼ同じサイズ・素材の衣類をそろえ、自分たちの血液を採って付着させ、味噌も公判記録の成分表をもとに仕込んで、最大1年2カ月の間、漬け込んだ。

発見時の5点の衣類は、付着した血痕が識別できるほど味噌の着色の具合いは薄いものだった。しかし、実験で長期間漬け込んだ衣類は、もとの色が分からないほど味噌の色にムラなく染まっていた。もちろん、血痕は容易に判別できなかった。

地裁決定は、味噌漬け実験をもとに「5点の衣類の色は、長期間味噌の中に隠匿されていたにしては不自然である」「ごく短時間でも、発見された当時と同じ状況になる可能性が明らかになった」と捉え、さらに「事件から相当期間経過した後、味噌漬けにされた可能性がある」と述べた。

それだけではない。

5点の衣類のズボンが味噌に漬かって縮んだとされた根拠として、ズボンのタグに記された「B」がサイズを示していることが挙げられていた。しかし、第2次再審請求の証拠開示によって、実は「B」は色を表すことが明らかになった。大きいズボンが縮んだのではなく、最初から小さいサイズだったからはけなかったのだ。地裁決定は「ズボンが袴田さんのものではなかったとの疑いに整合する」と述べた。

ズボンの端切れが袴田さんの実家から押収された経緯についても、地裁決定は強い疑問を投げかけた。一緒に押収されたのが捜索の目的物のベルトだけだったことに触れ、これだけの重大な事件では5点の衣類に関係がありそうな品物を広範に押収するのが普通なのに「一見しただけでは事件との関連性が明らかでない端切れ」とベルトしか押収していないのは不自然だと指摘。「実家から端切れが出てきたことを装うために捜索・差押えをしたとすれば容易に説明がつく」として、「捏造された証拠である疑いが強まった」と批判している。

⑶ 釈放まで認める

再審開始と死刑の執行停止とともに、拘置の執行停止（釈放）まで認めていることも、この地裁決定の大きな特徴だ。

理由として、①再審で無罪判決が出される蓋然性（確実性）が相当程度認められる、②判決が確定してから33年以上も死刑執行の恐怖にさらされてきた、③国家機関が違法・不当な捜査によって無実の個人を陥れ、45年以上も身体を拘束し続けたことになり、刑事司法の理念からは到底耐えがたい——を挙げている。

そのうえで結論として掲げた「拘置をこれ以上継続することは、耐えがたいほど正義に反する状況にあると言わざるを得ない。一刻も早く身柄を解放すべきである」との文章は、決定にあたっての裁判官の決意を如実に示しているのだろう。弁護団がこの決定を評して言う「素直な目で証拠を見たうえでの常識的な判断」の集大成となるくだりである。

(4) 事件の教訓

検察は予想通り、決定を不服として東京高裁に即時抗告した。ＤＮＡ鑑定の評価に異を唱えるとともに、証拠の「捏造説」を裏づける根拠はないと主張している。高裁でＤＮＡの再鑑定を求める意向、とも伝えられていた。

高裁の審理の進め方によっては、再審が実現するまでに数年かかることも予想された。袴田さんの年齢や体調を考えた時、少しでも早くこの決定を確定させ、再審開始—無罪判決を獲得する必要がある。検察は執拗に審理を長引かせないように、高裁も迅速に対応するように、強く望みたい。

そして、この決定を受けて何より私たちがなすべきは、なぜこういう事態が起こったのか、二度と同じ冤罪被害者を出さないためにはどうすれば良いのか、この事件を教訓としてしっかり検証し、対策を講じることだ。「袴田さんが解放されて良かった」で終わってしまっては根本的な解決にはならない。

地裁決定後の記者会見や3日後の報告集会で、西嶋勝彦・弁護団長は今後の課題として、①取調べの全面可視化、検察が持つ証拠の開示をはじめとする刑事司法改革の実現、②冤罪の原因を究明する第三者機関の国会への設置と、裁判所の改革、裁判官教育の強化、③死刑廃止への正面からの議論──などを挙げた。いずれも簡単なテーマではないが、息長く取り組んでいく必要がある。

冤罪の責任を追及することも不可欠だ。たとえば、「捏造」を実行したと指摘されたり無理な取調べで「自白」させたりした警察、ズボンのタグの「B」が色を指すことを知っていながら隠し続けていた検察、いくつものおかしな点に目をつぶって死刑判決を下した裁判所──。

マスコミの責任も極めて重い。事件発生当時にどんな報道をしたのか、きちんと検証したメディアは今のところ見当たらない。一審の裁判官だった熊本氏は、他の2人の裁判官が有罪の心証を持った理由を「あれだけの報道に接したら無罪とは言えなかったのだろう」と振り返っていた。袴田さんに対して、それだけ激しい犯人視報道が展開されていたのだ。最近に至るまでマスコミがほとんどこの事件を取り上げてこなかったこと（個人的にとても実感・反省している）と併せて、報道姿勢の反省と改善は不可欠だ。「昔のことだから」で済ませてはいけない。

さらに言えば、袴田事件にほとんど関心を払ってこなかった私たち市民にも、大きな責任があることを肝に銘じなければならないだろう。後を絶たない冤罪事件を見れば、今日にあっても決して他人事ではないことが分かる。いつ自分が同じ境遇に置かれるかもしれないという想像力を持って、みんなで解決策に向き合うことが求められている。

新証拠の1つと認められた味噌漬け実験について、その経緯や内容を詳しく見る。

4　肉眼で判定可能な色の違いに着目、再審をもたらした市民による味噌漬け実験（2014年6月20日）

静岡地方裁判所が2014年3月27日に再審開始の決定を出した「袴田事件」。決め手として注目が集まったのはDNA鑑定だが、もう1つ、静岡地裁が「無罪を言い渡すべき新規・明白な証拠」と認定したのが「味噌漬け実験」だ。地道な実験を担ったのは普通の市民だった。

(1) 血痕は識別できない

「色が濃いか薄いかは、程度の差こそあれ普遍的なもの。『あまりに違う』という素朴な感覚を裁判官が理解してくれました。市民目線が象徴的に表れた判断だと思います」。

1年2カ月もの間、衣類を味噌に漬けて変化を見る壮大な実験を主導した山崎俊樹さん(60歳)=静岡市清水区=は、静岡地裁の決定をこう評した。元プロボクサー袴田巖さんの支援団体「袴田巖さんを救援する清水・静岡市民の会」の事務局長。事件が起きた地元で、会社勤めの傍ら30年以上前から支援に携わってきた。

味噌漬け実験の話をするためには「5点の衣類」に触れないわけにいかない。味噌製造会社の専務一家4人が殺害された事件の発生は1966年6月。それから1年2カ月も経って、現場そばの味噌工場の醸造タンクから麻袋に入って発見されたのが半袖シャツ、ステテコ、ズボン、スポーツシャツ、緑色ブリーフである。袴田さんの犯行着衣と認定され、死刑判決の大きな拠り所になった。

当時の調書には発見時の状態として、白い半袖シャツやステテコが「薄茶色」だったと書かれている。鑑定書の写真では着色の度合いは薄く、濃淡にムラがある。しかも、血痕がはっきり判別できる状態で付着しており、「濃赤褐色」などと表現されていた。

これに対し、この再審開始決定が5点の衣類に「捏造」の疑いを指摘した。味噌漬け実験は、それを裏づける衣類の「色」に関する新証拠として採用された。

「市民の視点で死刑判決のおかしさを証明したい。こういう分野の専門家はいないので自分たちでやるしかない。袴田さんの命がかかっているからこそ、無責任に逃げられないと思いました」。

荒唐無稽にも見える実験を試みた理由を、山崎さんはこう説明する。

本格的に始めたのは2006年だった。第1次再審請求が静岡地裁、東京高裁で棄却され、袴田さんの弁護団は最高裁に特別抗告していた。「流れを変えるために新しい証拠を見つけたい」という一念で、公判記録を見て気になっていた5点の衣類の「色」に着目した。

白い綿の半袖シャツやステテコなど5点の衣類と同種のものを用意し、2羽の鶏から採った血を発見時の写真に模して塗った。熟成期間が1年半と7カ月の濃淡2種類の市販の赤味噌を水で溶き、麻袋に入れた衣類を漬けてみた。

その結果、2つのことが分かった。第1点。麻袋を15分ほど足で踏みつけただけで、シャツとステテコは5点の衣類の発見時と同じような色合いになった。第2に、日陰で乾かすと翌日には衣類の血液は周囲に広がり、1カ月後には赤みは黒くなって判別できなくなった。

「5点の衣類は一朝一夕で簡単に作り出せる、と確信しました。しかも血痕の様子は、1年以上も味噌に漬かっていたはずの5点の衣類とは明らかに違っていました」。

翌2007年、精度を上げるため人間の血液を使って実験することにした。最初は会員ら10人が応じ、知り合いの医師に頼んで20ccずつ採血してもらった。血液を白いステテコに付け、麻袋に入れて市販の赤味噌に漬け込む。半年後に取り出すと完全に味噌の色に染まり、血痕は容易に識別できなくなっていた。

同時に、たまり（味噌の熟成過程で出る液体）を混ぜた市販の味噌に、白いシャツやステテコなどを20分ほど漬け込む実験を実施。やはり5点の衣類と同じような状態になった。「赤味噌と白味噌、たまりの濃度によって、色の調整まで自由にできました」と山崎さんは振り返る。

⑵ 条件を変えても結果は変わらず

実験はこれで終わらなかった。5点の衣類とさらに条件を合わせる必要があったからだ。2008年に第1次再審請求が最高裁で棄却され、弁護団が第2次再審請求の新証拠として味噌漬け実験への注目度を強めたことも「追い風」になった。

1つは、事件発生～5点の衣類発見と同じ1年2カ月をかけて変化の様子を見ること。季節を合わせるため、事件発生日と同じ2008年の6月30日に会員の血を採って衣類に塗り、市販の赤味噌に漬け込んだ。現在は編物が主流のスポーツシャツは当時と同じ織物といった具合に、５点の衣類と素材やサイズをそろえた。緑色のブリーフだけは見つからず、青色のブリーフと緑色のタオル地のハンカチで代用した。

「『条件が違う』と批判を受けないために、手分けしてあちこち探し回りました」。生活実態に近づけるため、事前に着用から洗濯、そして自然乾燥までの流れを5回繰り返す念の入れようだった。

市販の味噌ではなく、事件発生時点で発見現場のタンクに入っていたものに可能な限り近づけた味噌でも実験した。公判記録の成分表に基づき、弁護団に知り合いがいた地元の味噌店主に材料から仕込んでもらった。「前年から醸造していた残りの味噌」との死刑判決の認定に合わせて約1年半そのままにした後、２０１０年2月から半年間、人の血を付けた衣類を漬け込んだ。

この時は、血液を衣類に塗ってから味噌に漬けるまでの時間を1時間、1日、18日の3種類に分けた。「事件発生直後から、20日後までの間」という死刑判決が判断した味噌タンクへの投入のタイミングに合わせるためだ。

これらの実験でも結果は変わらなかった。

「衣類は味噌と同じ色に一様に染まり、もとの素材の色は分からなくなる。血痕も黒くなっ

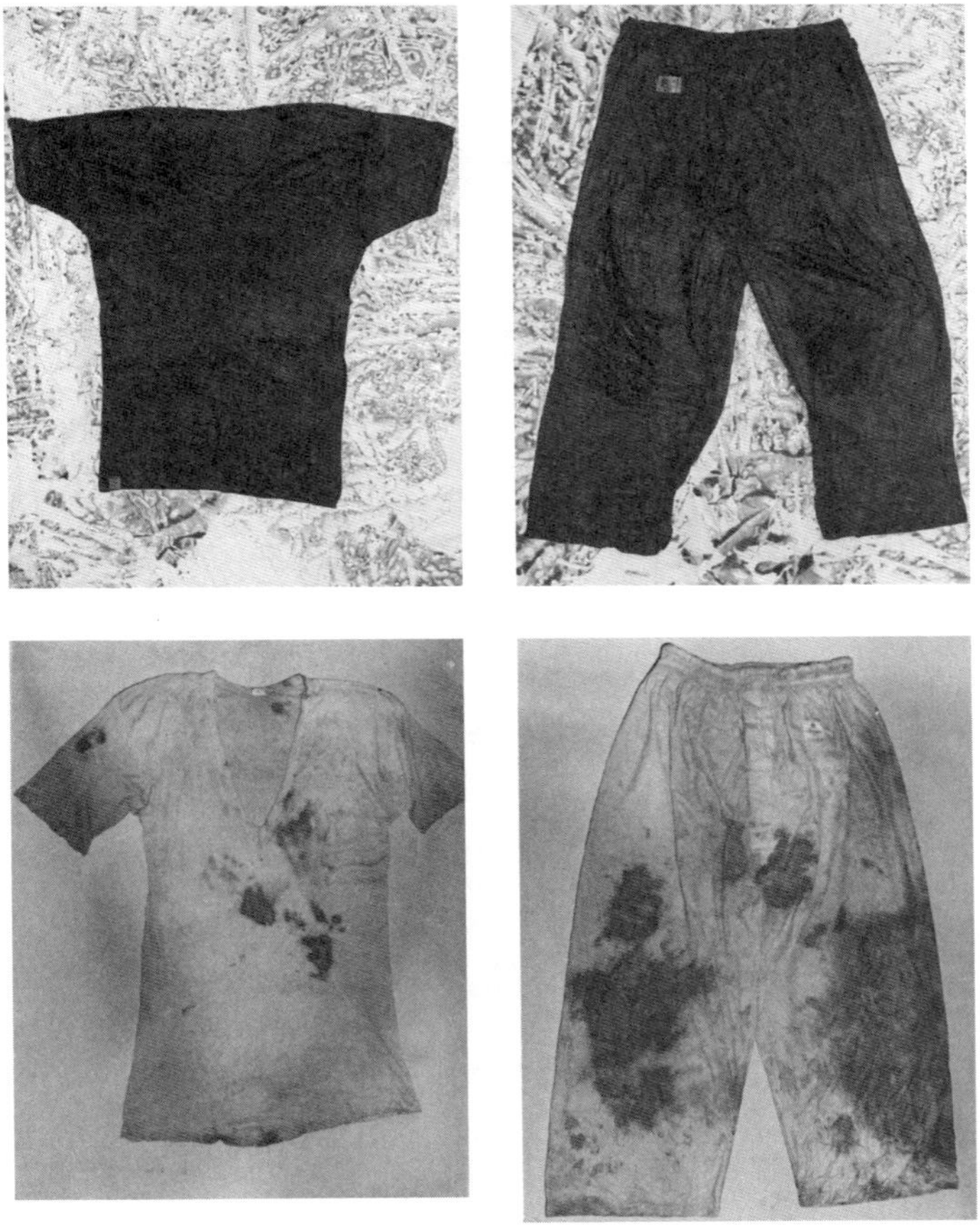

弁護団の再現実験で１年２カ月間、味噌に漬けたステテコと半袖シャツ（上）。「５点の衣類」（下）とは歴然とした違いがある（提供／袴田巖さんを救援する清水・静岡市民の会）。

て容易に識別できない。傾向は、はっきりしていました」。

こうして得られたデータは、山崎さんら支援者と弁護団が共同で3通の報告書にまとめ、新証拠として静岡地裁に提出した。2013年5月には山崎さんの証人尋問が行われた。

そして、再審開始決定。

味噌漬け実験の報告書をもとに「5点の衣類の色は、長期間味噌の中に入れられたことをうかがわせるものではなく、むしろ赤味噌として製造されていた味噌の色を反映していない可能性が高いうえ、血痕の赤みも強すぎ、血液が付着した後、1年以上の間、タンクの中に隠匿されていたにしては不自然なものとなっている」と断じ、5点の衣類が事件の直後に味噌タンクに投じられたとした死刑判決に疑義を呈した。

決定はこう続く。

「肉眼で見て明らかに色合いが違えば、誰が見てもそのような判定になるのであり、観察者によって結論が異なることもない」。

味噌漬け実験を、①厳密に数量化できるものではないにしても大まかな傾向を把握するには十分であり、②観察方法が主として肉眼によるとはいえ証明力が必ずしも小さいということにはならない——と肯定的に捉えたのだ。

山崎さんが指摘するように、「市民目線」が端的に表れたくだりと言える。それは、実験の条件を5点の衣類に近づけるべく奮闘した、支援者の努力の積み重ねがあってこその評価だろう。

「市民一人ひとりが、日常の生活感覚に根ざした身近な疑問を大切にすることが出発点なのだと、実感しました。とともに、それを酌むことが裁判官をはじめとする法曹関係者に求められている役割だと思います」。

味噌漬け実験が裁判員裁判の時代に持つ意義を山崎さんに尋ねると、こんな答えが返ってきた。いったん死刑が確定した事件で、市民が中心となって無罪の新証拠を見つけ出したのは極めて異例のことに違いない。歴史的な再審開始決定が導いた、もう1つの教訓である。

5 改めて、再審開始決定を受けてなすべきこと（2014年4月16日）

目の前にいるのが本当にご本人なのか、にわかには信じられない気持ちだった。死刑判決が確定しながら身柄拘束48年目にして自由の身になった元プロボクサー袴田巖さんが、再審開始決定、そして即日釈放から18日ぶりに公の場に姿を見せた。2014年4月14日に東京で開かれた日本弁護士連合会（日弁連）主催の報告集会である。

(1) 証拠捏造の指摘は「必然の結果」

袴田さんが即日釈放になるとは、弁護団も予想していなかった。釈放当夜の宿泊先を確保しておらず、ドタバタしたそうだ。袴田さんが無実であり、再審開始が必ずや認められると信じていた人たちでさえ、そうだった。これまで捜査機関や裁判所に、ことごとく主張を跳ね返されてきただけに、なおさらだった。だから、これが現実の出来事なのかどうか、いまだに実感が湧かなかったのだと思う。

袴田さんの様子は後述するが、この報告集会には受けとめるべき材料が多かった。

率直に記すと、集会の会場では、マスコミへのＰＲに過剰なまでに注力する主催者の姿勢と、マスコミの厚顔無恥な取材態度がどうにも胡散臭く感じられて、「誰に向けた報告集会なの？」とやや白ける部分もあった。ただ、日弁連は、袴田さんが第１次再審請求をした直後の１９８１年から継続して支援してきただけに、これから取り組むべきことについてもポイントをきちんと押さえていた。

静岡地方裁判所の再審開始決定の内容については前項までに詳しく記したので、袴田さんの様子に大騒ぎしているだけのマスコミが報じなかった部分を書いておきたい。

最初の関心事は、再審請求審の今後の動向についてだった。検察は静岡地裁の再審開始決定を不服として、その４日後に東京高等裁判所に即時抗告したからだ。

袴田さんの弁護団の事務局長、小川秀世弁護士は強気だった。根拠に挙げたのは、再審開始決定が指摘した「捜査機関による証拠捏造の疑い」である。警察が捏造などするはずはないという「偏見」を打ち破り、事実と証拠を素直な目で見ることに加えて、捜査機関の行動を全体的に判断することによって導き出された「必然の結果」だからこそ、「決して動かないものになった」と評価した。

小川弁護士によると、袴田さんの犯行着衣とされてきた「5点の衣類」には、そもそも犯行着衣である証拠は何もなかったそうだ。犯行現場の近くで発見されたことや血が付いていること、損傷があることといった特徴だけで、犯行着衣と断定されてしまった。それが、第2次再審請求で実施された血痕のDNA鑑定で完全に否定されたわけで、高裁の即時抗告審に向けても「盤石だ」と、やや興奮気味に語っていた。

一橋大学大学院の葛野尋之教授（刑事法）は、やはり検察の即時抗告に批判的な立場から、もう少し冷静に見通しを分析していた。

葛野教授によると、高裁の審理では、5点の衣類に付着した血痕のDNA型が「袴田さんと一致する」という結果が示されない限り、5点の衣類が袴田さんの犯行着衣とした死刑判決の認定に合理的な疑いが残ったままになる。しかし現実的には、高裁でDNAの再鑑定をしたとしても、一致するという結果が得られる可能性は限りなく低い。だから、高裁は「再鑑定を実施しても意味がない」と判断するのではないか、と見立てていた。

袴田さんの弁護団は2014年3月31日、検察の即時抗告に対して「極めて不当」との声明を出している。静岡地裁の重い判断を無視して、いたずらに再審開始決定の確定を先延ばしさせるうえ、袴田さんに無用の負担を負わせることを理由に挙げて、「国家機関の不正義により作り出してしまった現状を全く顧みようとしていない」と強く批判した。4月10日には東京高裁に、検察の即時抗告を棄却するよう求める意見書を出している。

袴田さんの年齢や体調を考えた時、一刻も早く再審を開始し、無罪判決を確定させるべきことに変わりはない。東京高裁の大島隆明裁判長は弁護団に「検察、弁護団双方の意見を聴きながら、速やかに審理を進める」と答えたという。

⑵ 取調べの全面可視化が不可欠

もう1つの大きなテーマは、冤罪を生んだ原因を究明し、同じ被害者を絶対に出さないための対策をしっかり取ることだ。「袴田さんが釈放されて良かった」で終わりにしてはいけない。刑事司法制度の改革が不可避である。

報告集会で葛野教授は、取調べの全過程の可視化、検察が持つ証拠の全面開示、DNA再鑑定の機会保障を求めていた。西嶋勝彦・弁護団長も、取調べの全面可視化、証拠の全面開示、

釈放後、初めて公の場に姿を見せた袴田巖さん（左）＝2014年4月14日、弁護士会館（撮影／小石勝朗）。

冤罪の原因を究明する公的な第三者機関の設置などを冤罪防止策として挙げた。

袴田さんは１９６６年８月の逮捕直後、犯行を否認していたがゆえに、猛暑の中、１日平均12時間、日によっては午前２時まで16時間を超える過酷な取調べを受けた。取調室に持ち込まれた便器で用を足すように指示されたり、暴行されたりもしたらしい。その結果、逮捕から20日目で「嘘の自白」に追い込まれる。こうした経緯を振り返れば、取調べの全面可視化は冤罪の防止に欠かせまい。

再審請求審では、静岡地裁の訴訟指揮によって検察が持つ５８３点の証拠が新たに開示され、再審開始決定の支えになった。例えば、５点の衣類のズボン。タグに記された「B」をもとに、もともと袴田さんがはけた大きなサイズが味噌に漬かって縮んだとされてきたが、実は「B」は色を示しており、ズボンは細身のY体だったことが明らかになった。検察が自分たちに都合の悪い証拠を出さなくても良い仕組みになっているからこそ、袴田さんの冤罪を証明するのにこれほどの時間がかかったと言える。

また、袴田さんを有罪にした証拠が否定された最大の要因が、48年前に付いた血痕のDNA鑑定だったことに鑑みれば、どんなに昔の事件であっても後に再鑑定ができるように試料の保存と適正管理をする仕組みも必要だ。袴田事件の再審開始決定が出た4日後に、死刑執行後の再審請求が福岡地裁に棄却された「飯塚事件」（1992年発生）では、もとの判決に数々の疑問が出ているにもかかわらず、捜査段階の鑑定で試料が使い切られているためDNA再鑑定ができなくなっている。

葛野、西嶋両氏は「死刑制度の再考」にも触れていた。「死刑事件でも捜査や裁判の誤りが現実にある」ことが明らかになったわけだから、誤判が取り返しのつかないことになる死刑のあり方について、改めて議論をする契機にするべきだろう。政府の世論調査（2009年）では85・6％が「場合によっては死刑もやむを得ない」と答えていることは承知のうえで、では袴田さんのような事態が現実に起きていることに対する死刑存置論者の意見を聞きたい。

ここで、釈放後まもない、袴田さん本人の様子に触れておこう。

(3)「せめて半分くらいは戻ってほしい」

姉の秀子さんとともに報告集会の会場に入って来る時に、客席に向かってVサイン。やや猫背で、飄々と歩いて演壇へ。イスに座ってからも右手でVサインを繰り返し、やがて両手でVを掲げた。穏やかだが、フラッシュの放射を浴びても表情は変わらない。

秀子さんの挨拶の途中でマイクを握ると、「西郷隆盛」「改革」「完全平和」「権力一本化」といった単語を織り交ぜて語るが、脈絡はない。秀子さんによると、「ピントが狂ったことを言うが、まともな時もある」そうだ。逮捕から48年近く、死刑確定からでも33年以上に及んだ身体拘束による拘禁反応の影響である。秀子さんは「何年かかっても、せめて半分くらいは（もとの）自分に戻ってほしい」と願っていた。

釈放された袴田さんに面会した支援者が、報告集会が始まる前に記者会見をした。

一緒に散歩をした日本プロボクシング協会事務局長の新田渉世さんは「ボクシングの会話がかみ合わずに、ちょっと残念でした」と話した。袴田さんは常に持ち歩いている紙袋にちり紙の束を入れていて、いろいろな物をきれいに拭くほか、念入りに手を洗ったり歯磨きをしたりしていたそうだ。入院先の病棟の外出届にはしっかりと自分の名前を書いていた。

長年の支援者で3回面会した静岡県浜松市の寺澤暢紘さんは「今も自分の世界に閉じこもったまま、まだ自由を実感していない」と袴田さんの印象を語り、その原因となった冤罪の不当性を強調した。「のんびりと自分のしたいことができる時間を確保でき、必要な時に支えてくれる人のいる場所で過ごしてほしい」と望む。現在は東京都内の病院にいるが、郷里の静岡県への転院を検討しているようだ。

袴田さんの弁護団は、当面の生活費や医療費に充てるため「袴田救済ファンド」と名づけた基金を設け、募金を呼びかけている。無罪が確定すれば刑事補償を受けられるが、それまでには時間がかかりそうだからだ。

それにしても国は、釈放すればあとは姉や弁護団、支援者に任せて知らんぷりで良いのか。袴田さんの体調をここまで悪化させた原因は、検察や裁判所という国家機関と警察にあるのだから、無罪確定前とはいえ可能な限りの支援策を講じるべきだ。1人の人間の人生をめちゃめちゃにした側の、最低限の対応だと思う。

ところが、東京高裁の審理は、私たちの予想を超えて曲折する。その途上では「最悪の結果」がかなり切迫した形で迫ってきた。静岡地裁の再審開始決定から2年後に、私は次のような記事を書いた。

6　48年ぶり釈放の袴田さん、再び死刑囚として収監の恐れも（2016年3月10日）

⑴　検察の即時抗告で「確定死刑囚」のまま

１９６６年に静岡県清水市（現在は静岡市清水区）で一家４人が殺害された「袴田事件」の犯人とされて死刑判決が確定したものの、２年前の２０１４年３月に静岡地裁で再審（裁判のやり直し）の開始決定を受けた元プロボクサー袴田巖さんのことは、まだ多くの方の記憶に残っていることと思う。

約48年ぶりに釈放された袴田さんは、長期間の身柄拘束による拘禁反応を引きずりながらも、郷里の静岡県浜松市で姉の袴田秀子さんと平穏な生活を送っている。

ところが肝心の裁判は、再審開始決定を不服とした検察が東京高裁に即時抗告したため、依然として「再審を始めるかどうか」の審理が続いていた。袴田さんは無罪となるどころか、身分は「確定死刑囚」のままだ。そのうえ、東京高裁が検察の主張に沿うかたちで鑑定（検証実験）の実施を決めたため、最悪の場合、再審開始決定が取り消され、袴田さんは死刑囚として再び収監されかねない状況に陥っている。

(2) 検察の主張に沿ったDNA鑑定手法の検証実験

高裁審理での焦点は、静岡地裁が新証拠の1つと認定したDNA鑑定の信用性だ。

地裁の鑑定は、死刑判決（1980年確定）が袴田さんの犯行着衣としていた「5点の衣類」を対象に実施された。袴田さんの弁護団が推薦した本田克也・筑波大教授は、袴田さんのものとされてきた血痕のDNA型は本人と一致せず、被害者の返り血とされてきた血痕のDNA型も別人のものだとする鑑定結果を出した。これが再審開始決定の大きな決め手となり、地裁は「証拠が捏造された疑い」にまで言及した。

検察は、このDNA鑑定結果を覆そうと必死になっていた。標的にしたのが、本田氏が用いた「選択的抽出方法」と呼ばれるDNA鑑定の手法だ。皮脂や唾液、汗などが混じった血痕から、血液に由来するDNAだけを選り分けて取り出すものだが、検察は「本田氏独自の手法で有効性はなく、鑑定結果は血液ではないDNA型を検出したもので信用できない」と主張。検証実験をして確かめるよう高裁に求めたのだ。

袴田さんの弁護団は強く反対したが、東京高裁はこれを押し切って検証実験の実施を決め、2016年初めに手続が始まった。鑑定人は、弁護団が推薦に応じなかったため、検察が推薦した鈴木廣一・大阪医科大教授（法医学）のみ。結果が出るまでには数カ月かかるとみられていた。

事態を深刻化させているのは、裁判所が検証実験のやり方についてまで、検察の主張を採り入れたためだ。

検証実験で使う試料は、①新しい血液に別人の新しい唾液を混ぜたもの、②10年以上前に血液が付けられたガーゼ、③②の血痕に別人の新しい唾液を混ぜたもの――の3種類だ。これらの試料から、選択的抽出方法を使って血液のDNA型を判定できるかどうか調べる、というものだった。

袴田さんの弁護団が特に問題視しているのは、③の試料である。DNAは時間の経過とともに減ったり壊れたりするから、古い血液と新しい唾液を混ぜれば唾液のDNAが検出される可能性が極めて高くなる、というのが最大の理由だ。弁護団は「誘導的実験」と批判し、結果が出た段階で、検証実験の科学的な正当性を徹底して争う方針を示していた。

とはいえ、もし鑑定人の鈴木氏から「選択的抽出方法は血液のDNAを取り出すのに有効ではない」との結果が出されれば、高裁はこの手法を用いた地裁段階のDNA鑑定の信用性を否定する可能性が出てくる。そして最悪の場合、再審開始決定を取り消すことも十分に考えられる。そうなれば、地裁が出した「死刑・拘置の執行停止」も取り消されて、袴田さんは再び拘置所に逆戻りさせられかねない。死刑執行を前提に、である。

DNA鑑定によってあぶり出された疑惑のほかにも、この事件にはおかしな点がいくつもあることに触れておく。

たとえば、「5点の衣類」のズボン。当初の公判で袴田さんが装着できるか試したところ、小さくて入らなかった。しかし検察は、もともとは大きなサイズのズボンだったが、発見されるまで1年2カ月も味噌に漬かった後に乾燥したため縮んだ、と主張。ズボンのタグに記された「B」がサイズを表すことを根拠に挙げていた。

ところが、「B」は色を示すことが、再審請求審で開示された製造業者の調書で明らかになった。ズボンは縮んだのではなく、最初から小さいサイズで、袴田さんにははけなかった＝本人のものではなかったのだ。しかも、検察はそのことを当初の裁判の段階で知っていながら、隠し通していた。

また、検察が2015年になって弁護団に開示した逮捕直後の取調べの録音テープには、警察署で袴田さんに弁護士が接見している場面のやり取りが入っていた。盗聴であり、もちろん重大な違法行為だ。1日平均12時間にも及んだ起訴前の過酷な取調べと併せて、違法を重ねた捜査によって袴田さんの「嘘の自白」が取られ、死刑判決に至ったことも忘れてはなるまい。

今回のDNA検証実験の結果だけをもって安易に再審開始決定を取り消すことには、大いなる疑問を抱かざるを得ない。

(3) ドキュメンタリー映画が完成

袴田さんは2016年3月10日に80歳になった。事件の1カ月半後に逮捕されてから48年近く、死刑が確定してから33年間も、獄中につながれて刑執行の恐怖と向き合うことを余儀なくされた影響で精神を病み、釈放以来、今も意味不明の言動が多い。

そんな袴田さんと姉・秀子さんの生活風景を追ったドキュメンタリー映画『袴田巖　夢の間の世の中』が完成し、東京・ポレポレ東中野で上映され、その後全国各地で順次、公開された。

「ありのままの巖を見てほしい」という秀子さんの望みに応え、社会に戻ってからの歩みを淡々と描き出している。釈放直後は能面のようだった表情や、おぼつかなかった歩き方が、次第に変わっていくさまが印象的だ。

金聖雄監督は「袴田さんの存在自体がメッセージ。解放されてからの日常の小さな変化や発見を丁寧に伝え、袴田さん姉弟の生きざまに思いを寄せる作品にしたかった。そこから自ずと司法のむごさや理不尽さが浮き彫りになるのではないか」と話す。

ぜひ映画を観賞していただき、この事件の裁判の現況と重ね合わせながら、冤罪や死刑のことを考えてほしい（映画については第5部で触れる）。

ＤＮＡ鑑定手法の検証実験には、１年５カ月を費やすことになる（経過は第４部で詳しく取り上げる）。その結果、東京高裁の即時抗告審は、決定までに４年もの長い時間を要してしまった。袴田さんの年齢やこの事件の経緯を省みない、非道とも言うべき検察や裁判所の対応だったと思う。

ようやく結審が決まり、弁護団と検察が東京高裁へ提出した最終意見書の概要を見てみる。

7　弁護団「ただちに再審を」、検察は開始決定の取消求める（２０１８年２月２日）

袴田巖さんの再審請求審で、弁護団と検察が２０１８年１月19日、東京高裁（大島隆明裁判長）へそれぞれ最終意見書を提出した。弁護団はただちに再審公判への道を拓くよう訴え、検察は再審開始決定を速やかに取り消すよう求めている。

弁護団の意見書はＡ４判１５０頁。高裁審理の焦点となった本田克也・筑波大教授のＤＮＡ鑑定手法をめぐり、検察が推薦した鈴木廣一・大阪医科大教授が実施した検証実験に対して「裁判所の指示に反し、本田鑑定の方法とは器材も用具も溶液の量も異なっており、極めて恣意的でずさんな鑑定だった」と非難。それでも鈴木氏の検証実験でＤＮＡ型は検出されており、「本田鑑定の有効性が裏づけられた」と主張した。

犯行着衣とされた「5点の衣類」については、1年2カ月間も味噌に漬かっていたにしては付着した血痕の赤みが強く、「発見から遠くない時期に味噌に漬けられたとしか考えられない」と警察の捏造に言及。東京高裁の審理に入ってから検察が独自に実施した長期間の味噌漬け実験でも、血痕は黒色に変化したとして、弁護団の実験結果の補強材料にした。

また、新たに開示された捜査段階の取調べ録音テープから「確たる証拠もないのに自白を強要していたことが明らかになった」と指摘。「『犯人は袴田以外にいない』との捜査方針のもとに取調べに当たっており、証拠の捏造はかかる違法な捜査の行き着いた結果である」と断じている。

一方、検察の意見書（145頁）は、5点の衣類の「捏造疑惑」への反論に全体の3分の1を充てた。5点の衣類の発見当時、公判での検察の立証は順調で「新たな証拠の捏造を必要とする状況にはなかった」と強調。ズボンが小さいサイズで袴田さんがはけなかったことを取り上げ、「警察がその点に無配慮のまま捏造を行うとは考え難い」とも主張した。

本田氏の鑑定手法に対しては、「不適切な方法論」と結論づけた鈴木氏の検証実験の報告書も踏まえ、「(唾液などが混じった試料から) 血液のDNAだけを選んで抽出する効果があるとは認められない」と重ねて批判し、「本田氏自身のDNAが混入した疑いさえ存在する」とまで述べている。

5点の衣類の血痕の色調については「カラー写真の色が（経年劣化などで）発見当時の色を正確に反映していると言えない」と説明するとともに、弁護団の味噌漬け実験は5点の衣類と「条件が異なり信用性は乏しい」、さらに5点の衣類が見つかったタンクで仕込んでいた赤味噌は「淡色味噌に近い色合いだった」との論理も展開した。

第3部
即時抗告審で浮き彫りになった「おかしな点」

「袴田事件」に数々のおかしな点があることは、死刑判決を確定（１９８０年）させたもとの裁判の段階ですでに明らかだった。

捜査段階での極めて長時間に及ぶ取調べについては第一審・静岡地裁の死刑判決でさえ厳しく批判し、警察による28通の供述調書に任意性を認めず、証拠から排除している。第二審・東京高裁の法廷で袴田巖さんが「５点の衣類」のズボンの装着実験をしたところ、小さくて途中までしか入らなかったこともよく知られている。多くの矛盾や疑問に目をつぶったまま、確定させてしまった極刑だった。

第2次再審請求の審理で新たな証拠が検察から開示され、DNA鑑定も実施されるうち、改めておかしな点がいくつも表面化した。静岡地裁の再審開始決定が「警察による証拠捏造の可能性」に言及したのはインパクトがあったが、それだけにとどまらない。東京高裁の即時抗告審に移ってからは、さらに広い範囲で、素人目に見ても疑念を抱く事象がいくつも露呈する事態となった。

それらが起因するのは、違法捜査であり、検察の対応であり、裁判所の訴訟進行であり、さらには再審制度の不備である。

即時抗告審で浮き彫りになったおかしな点の数々を、この4年間を遡る形で検証する。

1　やはり違法捜査のオンパレードだった（2016年12月28日）

法律上は新たな申立てを追加したに過ぎないかもしれない。しかし、そこに盛り込まれた事実を見れば、この事件の本質が浮き彫りになり、決して看過できない内容であると多くの人たちが改めて感じるに違いない。

2014年3月の静岡地裁の再審（裁判のやり直し）開始決定により、死刑判決が確定していた元プロボクサー袴田巖さんは釈放されたが、検察が決定を不服として即時抗告したため、再審を始めるかどうかの審理が東京高裁（大島隆明裁判長）で続いていた。

⑴　小便に行かせず、果ては取調室に便器を……

その再審請求審へ、袴田さんの弁護団は２０１６年12月21日、事件の捜査段階で警察官の「職務犯罪」があったことを請求理由に加える申立書を提出した。

刑事訴訟法４３５条は、再審を請求することができる理由を挙げている。７号には「警察官がその事件について職務に関する罪を犯したことが証明された時」との規定が含まれており、新たにその適用を求めたのだ。これまでは「無罪を言い渡すべき明らかな証拠を新たに発見した時」との６号に基づいて再審を請求し、静岡地裁も弁護団のＤＮＡ鑑定や、味噌漬け実験の結果が「新規・明白な証拠」にあたると認定して再審開始決定を出していた。

その時の申立ての端緒は、警察での袴田さんの取調べの様子を録音したテープである。東京高裁の審理が始まって間もない２０１４年10月に静岡県警清水警察署の倉庫で見つかり、翌１月に弁護団に証拠開示された。計約48時間分あり、その内容を解析すると、それまで明らかになっていなかった重大な違法捜査が浮き彫りになったのだ。

この追加申立ては、主にその内容に拠っている。申立書で取り上げた警察官の「職務犯罪」は３つだった。

1つは、取調べ中の小便である。

袴田さんが逮捕されて18日目の1966年9月4日のこと。取調べのテープには、袴田さんが「小便に行きたい」と訴えるのに続いて、次のような警察官の声が録音されている。

警部M「小便に行くまでの間に、イエスかノーか、話してみなさい」

警部補I「その前に返事してごらん」

M「本当の気持ちを言ってみなさい」

I「お前、やったことに間違いないな」

M「言えなきゃ、頭だけ下げなさい」

小便に行かせないまま、袴田さんに自白を求めるやり取りが続く。袴田さんが尿意を訴えて約5分後にIが「警部さん、トイレ行ってきますから」と告げると、Mの「便器もらってきて。ここでやらせればいいから」という声が入る。そして、取調室に便器が持ち込まれ、袴田さんが小便をする音に続いて、Iの「蓋をしておけ」という声と、便器の蓋が閉まる音が録音されていた。

便器持ち込みについては、死刑判決が出た静岡地裁の公判で、証人尋問を受けたMとIが問われている。2人は「取調室の外の廊下に報道陣が詰めており、トイレに行く時に写真を撮られるのを嫌った袴田さんが便器の持ち込みを希望した」と証言していた。また、取調室の中についたてを置き、袴田さんはその陰で放尿したと説明していた。

しかし、テープには袴田さんが便器の持ち込みを希望したという部分はなく、ついたての設置をうかがわせる音声も入っていない。袴田さん自身、法廷で、自ら便器の持ち込みを希望したのではと尋ねられ、きっぱりと否定していた。録音テープによって、便器の持ち込みは取調官の指示だったことがはっきりした。

こうしたことから、弁護団はこの申立てで、MとIが取調室に便器を持ち込んで警察官の面前で袴田さんに放尿させたことはプライバシーや個人の尊厳を侵しており、また、袴田さんに小便をさせずに自白を求めたことで身体的、心理的な苦痛を与えたとして、特別公務員暴行陵虐罪が成立すると主張している。2人の法廷での証言については、偽証罪にあたると指摘した。

袴田さんは、この2日後の9月6日に犯行を「自白」する。取調室で小便をさせたり、トイレに行かせなかったりしたことに象徴される身体や精神にダメージを与える取調べが、その原因になったことは想像に難くない。袴田さんは公判で否認に転ずるも、最後まで「自白」が不利に作用して死刑判決の確定に至ってしまう。

⑵ 「職務に関する罪」に該当

2つ目は、袴田さんと弁護士との接見（面会）の様子が「盗聴」されていたことだ。

取調べテープには、逮捕されて5日目の8月22日に、袴田さんが弁護士と清水警察署で初めて接見した際のやり取りが記録されていた。袴田さんが、逮捕当時に犯行着衣とされていたパジャマを挙げて「パジャマに血が付いていると言われても、分からないんですよ」と戸惑いながら無実を訴えている様子が確認できる（接見盗聴については後ほど詳しく触れる）。

弁護団は、刑事訴訟法が保障する「秘密交通権」――容疑者が警察官の立ち会いなしで弁護士と接見できる権利――を明らかに侵しており、取調主任官だったMと、取調べに当たっていたIが、少なくとも盗聴を了解していたことは間違いないとして、公務員職権濫用罪が成立すると主張している。Mは公判で接見の盗聴を否定する証言をしており、偽証罪に該当すると指摘した。

3つ目は、死刑判決が袴田さんの犯行着衣と認定した「5点の衣類」のズボンをめぐる問題だ。袴田さんが法廷でこのズボンをはく実験をしたところ、小さくて途中までしか入らなかった。しかし検察は、ズボンが長期間、味噌タンクで味噌に漬かった後で乾燥したために縮んだと立論し、タグに記された「B」がサイズを示すことをその根拠とした。その根拠を裁判所も受け入れ、5点の衣類が袴田さんのものだと結論づける拠り所の1つにされた。しかし、再審請求審で証拠開示された捜査報告書などによって、「B」がサイズではなく「色」を示していることが明らかになった。ズボンはもともと袴田さんにははけない小さいサイズだったのだ。しかも警察は、5点の衣類が発見された数日後には、ズボンメーカーから「Bは色を示す」と聞いていた。

弁護団は申立てで、ズボンの実況見分調書を作成したH警部補が、タグの「B」の欄の左側の文字が判読できないにもかかわらず、場合によっては捜査情報で実際には「色」を指すと知っていたにもかかわらず、調書に勝手に「型」と記載したと指摘。この行為が有印虚偽公文書作成・同行使罪に該当する、と主張している。

そして、これら3つの行為は刑事訴訟法435条7号の「職務に関する罪」であり、再審請求理由に該当する、と強調した。

ところで、再審請求の即時抗告審で、再審理由や新事実の主張を追加できるかどうかについては、否定した判例があるそうだ。刑事裁判の即時抗告審は「事後審」と呼ばれ、第一審と同じように自ら事件を一から審理するのではなく、第一審の訴訟記録を基に第一審決定の妥当性を事後的に審査するものと位置づけられているためだ。

弁護団は、この追加申立てのきっかけとなった取調べ録音テープの開示が即時抗告審になってからだったうえ、抗告審での新事実や新主張の追加を法律は禁止していないと主張している。札幌高裁が2016年10月、札幌地裁の決定とは理由を変えて7号による再審開始を認めたケースがあるそうだ。

この時期に追加申立てをした理由について、西嶋勝彦・弁護団長は記者会見で「捜査が犯罪のオンパレードだったと、裁判所と世間に分かってもらうため。それに、東京高裁の審理に時間がかかりすぎているので、6号以外の要件でも再審開始の結論が出せることを主張するため」と強調した。

申立書を提出した6日後、裁判所、検察と弁護団による三者協議が開かれた。高裁が委嘱したDNA鑑定手法の検証実験について進捗状況が報告され、11月の三者協議で「本実験に入った」とされていたのは誤りで、まだその前の段階の予備実験が終わっていないことが明らかになった。弁護団によると、予備実験がどんな段階にあるのか、また、いつごろ本実験の結果が出そうかについては、高裁から伝えられなかったという。

検察の提案に則り、弁護団の反対を押し切る形で裁判所がDNA検証実験を強行してから間もなく1年近くが経とうとした時、西嶋氏は「あまりにも遅すぎる。近々に結論が出ないのなら、検証実験の実施の取り消しを求める」と批判した。

当の袴田さんは、姉の秀子さんと郷里の静岡県浜松市で静かな生活を続けている。3カ月ほど前から、あくびをするようになったそうだ。秀子さんは「少しずつ緊張がほぐれてきている」とみている。

三者協議後の記者会見で、秀子さんは「40何年待ったのだから、3年や5年、どうということとはありません」と気丈に語った。しかし、事件発生から50年を過ぎて、袴田さんがいつまでも元気で暮らせるとは限らない。東京高裁の責任は重い。DNA検証実験が早期に収拾するよう積極的に指揮し、この「職務犯罪」の申立てにも真摯に対応して、少しでも早く決定を出すように努めるべきだった。

東京高裁は決定で、即時抗告審が事後審であることを理由に、弁護団の追加申立てへの判断を示さなかった。

2　1.4トンもの味噌を仕込んでまで死刑を維持しようとする検察

（2016年11月16日）

検察という組織はどっしりと構えていて、社会正義の機微に触れる場面に直面してこそ、やおら行動を起こし存在感を発揮すると思い込んでいたのだが、どうやら買いかぶりだったようである。ムキになって手当たり次第に策を弄そうとする姿は可笑しくさえあるが、温かく見守るわけにもいかない。ことは死刑事件。執行につながってしまうからだ。

(1) 密かな味噌漬け実験

東京高裁で続いていた袴田巖さんの即時抗告審で、またしても驚かされる検察の動きが明らかになった。

おさらいになるが、「袴田事件」で静岡地裁の再審開始決定が認めた新証拠は2つあった。そのうちの1つが、犯行着衣とされていた「5点の衣類」に付いた血痕のDNA鑑定結果だった。袴田さんのものとされていた血痕が別人のもので、返り血とされていた血痕からは「被害者の血液は確認できない」とする本田克也・筑波大教授の鑑定が採用され、死刑判決を覆す大きな拠り所となった。地裁の決定は、5点の衣類が警察によって「捏造」された疑いをも指摘した。

このため東京高裁の審理で、検察は本田氏の鑑定結果を否定しようと躍起になってきた。

検察は、皮脂や汗、唾液などが混じった血痕から血液由来のDNAだけを取り出す本田氏の「選択的抽出方法」に対して、「本田氏独自の手法で有効性はなく、鑑定結果は信用できない」と主張。この鑑定手法の有効性について検証実験をするよう裁判所に要求し、袴田さんの弁護団の猛反発を押し切って認めさせた。高裁が鈴木廣一・大阪医科大教授に委嘱した検証実験は2016年初めに開始され、即時抗告審の最大の焦点になっている。

ところが、そうした主張を展開する一方で、検察は2年間にもわたって、弁護団どころか裁判所にも知らせないままに、密かに独自の実験を実施していたのである。しかも、そのためだけに計1・4トンもの味噌を仕込むという、時間だけでなく資金も労力もかけた大がかりな実験だ。

弁護団によると、検察の実験は、中西宏明・順天堂大准教授（法医学）の意見書が2016年10月19日に提出されて明らかになった。中西氏は山梨県警科学捜査研究所の元技官で、検察の依頼を受けて実験に当たった。

実験は、袴田事件の5点の衣類と同じ条件で――つまり血液の付いた衣類を味噌に1年2カ月間、漬け込んだ後に――血液のDNAはどのくらい分解され、そこからDNA型を検出することができるかどうかを確かめるのが目的だったようだ。

そのために中西氏らは味噌の仕込みから実験を始めている。5点の衣類が発見されたタンクに入っていた味噌を再現するべく、公判記録をもとに大豆や米、塩などを使って14個の容器にそれぞれ約100キロ、計1・4トンの味噌を作った。そして、最大1年2カ月間、人間の血液を付けたシャツを漬け込み、実験に使用した。

ちなみに、同様の味噌漬け実験は、静岡地裁の審理の過程で袴田さんの弁護団と支援者が実施している。後述するが、この時の目的は、1年2カ月もの間、味噌に漬かった衣類の染まり具合を見ることだった。

弁護団の実験を主導して地裁で証人尋問を受けた支援者の山崎俊樹さんによると、約40キロの味噌を仕込むのに材料費だけで20万円ほどかかったそうだ。その経験から、今回の中西氏らの実験は材料費だけで100万円はくだらないとみている。もちろん鑑定料などは別である。公金を潤沢に費やすことができる組織にしかできない、贅沢な実験であることは間違いない。

話は脇道にそれるが、もし東京高裁の即時抗告審が短期間で終わっていたら、この実験を検察はどう扱うつもりだったのだろうか。少なくとも1年2カ月はかかる実験だから「結果が出るまで審理を終わらせないでくれ」と裁判所や弁護団にお願いするつもりだったのだろうか。あるいは、実験をしたことすら闇の中に葬り去ってしまうつもりだったのだろうか。多額の公金が無駄になりかねないだけに、どうにも腑に落ちないことは確かだ。

さて、中西氏は14個の容器を時間の経過に沿って1つずつ開き、味噌漬けになったシャツの血痕のDNAを抽出して分解度を測り、型の判定をした。

その結果、①味噌に漬け込むことによってDNAが分解される、②血痕から抽出されるDNAの量は漬け込む前に比べて大幅に減少する――ことが分かったという。また、味噌から取り出した後もDNAの分解は進むので、5点の衣類の発見から40数年経って行われた静岡地裁の鑑定では、DNA型を検出することは「ほぼ不可能」「きわめて困難」と結論づけているそうだ。

要するに、本田氏の鑑定は出るはずのないDNA型を検出したもので信用性はない、と言いたいらしい。検察が依頼した実験だから、予想された結果と言えばその通りである。

(2) 衣類の「色」は弁護団と同様の結果

これに対して袴田さんの弁護団は、2016年11月7日に開かれた高裁、検察との三者協議後の記者会見で、即時抗告から2年半に及ぶ高裁審理で検察がこの実験を話題にもしないまま、いきなり結果を出してきたことに対して、「フェアではない」と不信感を露わにした。そのうえで西嶋勝彦・弁護団長は「(中西氏の)意見書には実験の結果が記されているだけで、どういう意味を持つか分からない」と批判した。

この弁護団の受けとめには、簡単な解説が必要だろう。

静岡地裁の再審開始決定がDNA鑑定とともに認定したもう1つの新証拠は、前述した衣類の味噌漬け実験の結果だった。弁護団の実験で1年2カ月間、味噌に漬けた衣類は、生地の色が分からないほど味噌の色にムラなく染まり、付着した血痕が容易に判別できない状態になっていた。

しかし、発見当時の5点の衣類は血痕が肉眼で識別できる程度にしか染まっておらず、地裁決定は「事件から相当期間経過した後、味噌漬けにされた可能性がある」と述べた。つまり、衣類は事件発生直後から1年2カ月間も味噌に漬かっていたのではなく、発見から近い時期に味噌タンクに投入された疑いがあると認めたのだ。となると、事件の1カ月半後に逮捕されてから身柄を拘束されたままの袴田さんに、5点の衣類を味噌タンクに投入できるはずはなく、別人の仕業ということになる。

地裁のこの判断に基づけば、中西氏が実験で1年2カ月間、味噌に漬け込んだ衣類のDNA分解度を調べたことに果たしてどんな意味があるのか、と弁護団が疑問を抱くのは当然に違いない。

この点については、DNA鑑定を行った本田氏自身が執筆した雑誌『季刊刑事弁護』の記事で、鑑定が成功した理由の1つとして「衣類が味噌に漬けられていた期間は大変に短かった可能性がある」ことを挙げている。1年以上も味噌漬けになっていたならば、化学変化を起こしてDNAが壊されていたかもしれないことを、本田氏は織り込み済みなのである。

三者協議で検察は、弁護団の指摘に応える形で実験結果を踏まえた主張を新たな意見書にして提出する意向を示したが、その時期は明示しなかったそうだ。

では、中西氏の実験が袴田さんの弁護団にとって無益だったかと言えば、必ずしもそうではない。

弁護団は2016年11月4日に提出した検察宛ての申入書で、中西氏らが実験で使った味噌やシャツ、撮影したすべての写真とネガフィルム、データを開示するよう求めた。その理由として、中西氏らの実験が「味噌漬けされた衣類や血痕の色調変化という観点からも十分に検討されるべきである」と申入書には記されている。

つまり、弁護団が実施した味噌漬け実験の結果を補強する材料にならないか、と考えているのだ。検察はこれまで、弁護団の味噌漬け実験を「恣意的実験」と批判してきた。しかし、中西氏の意見書に添付された写真を見た弁護団関係者によると、味噌に漬け込んで1～2カ月経ったシャツは、すでに発見直後の5点の衣類のシャツと同じ程度の染まり具合になっているという。1年2カ月間も味噌に漬けたものは、満遍なく味噌の色に染まり、血痕も赤みが消えて黒色に変化していて、すぐに見分けられるような状態ではないそうだ。

地裁段階での袴田さんの弁護団や支援者の実験と、同様の結果が出ていることになる。弁護団は検察宛ての申入書で「私人には実施しがたい大規模な実験を、公費を用いて行ったのであるから、これにより得られた結果は、事案の真相の解明という刑事訴訟の目的に資するべく最大限活用すべきである」と強調した。これに対して検察は、地裁段階での弁護団の味噌漬け実験の素材を開示するよう求めてきたそうだ。今さら何を、と言う以外にない。

それにしても、ここまで見てくると、検察が何のために中西氏らに依頼して大がかりな実験を実施したのか、謎は深まるばかりだ。本田氏のDNA鑑定の信用性を崩すのが目的だとすれば、この実験には意味を見出しがたい。あるいは味噌漬けによる衣類の色合いの変化を確認するためならば、弁護団の実験結果を検証すればそれで済んだからだ。

費用と時間をかけて不可解な実験を行ったとするならば、またそれが袴田さんの死刑判決を何としても維持せんがためだけのものであるとするならば、社会正義の観点から到底認めることはできまい。検察には納得のいく説明が求められる。

そして、即時抗告審で検察にこうした姿勢を許している原因の1つに、裁判所の責任があると言わざるを得ない。

東京高裁の大島隆明裁判長は11月7日の三者協議で、検察が持つこの事件の「証拠リスト」について、開示命令は出さないとの判断を示した。弁護団の求めに強く抵抗する検察の主張を受け入れたのだ（この問題の経緯は次項で詳述する）。即時抗告審では、前述したＤＮＡ鑑定手法の検証実験を検察の提案に沿う方式で実施することを決めるなど、公正さが疑われるような訴訟指揮が目につく。

高裁はこの検察の実験に、くれぐれも中立・公正な立場で向き合い、弁護団の求めに応じて、中西氏の実験の素材や写真データの開示を検察に命じるよう強く望みたい。

弁護団は、東京高裁に提出した最終意見書（２０１８年1月）で、中西氏らの実験結果を、自らの味噌漬け実験の結果を補強する材料に利用している。

中西氏らの実験でも、シャツの血痕は「味噌漬けにしてから日が経つごとに赤みが消えて色が濃くなっている」と指摘。181日後の時点ではかろうじて赤みが分かる程度だが、365日後には赤みは残らずに黒褐色か黒色となり、427日後（1年2ヵ月後）にはほとんど黒色の状態で、「弁護団が行った実験の結果と同じ」と評価した。

さらに弁護団は、味噌に漬けた血痕の赤みが消えて黒色に変化した理由について、米麹が生成する糖と、血液や大豆のたんぱく質が結合して起きる「メイラード反応によるもの」とする花田智・首都大学東京教授（環境微生物学）の意見書を提出した。弁護団や中西氏らの実験で血痕が黒色に変化したのは「決して偶然ではなく、科学的根拠を伴うことが明らかになった」と主張している。

3　「証拠隠し」か「証拠漁り」か～証拠リスト開示をめぐるせめぎ合い

（2016年9月21日）

⑴　刑事司法改革で交付の規定

刑事裁判で被告や弁護人は、検察が持つ証拠にどんなものがあるのか、その全容を知ることはできない。検察は有罪の立証につながる証拠しか出さないから、被告にとっては圧倒的に不利である。被告や弁護人が「こちらに有利な、こんな証拠があるはずだ」と開示を求めても、検察に「ない」と言われてしまえば、それ以上、追及する術はなかった。

しかし、後を絶たない冤罪事件を見ていると、検察の「証拠隠し」が常態化しているのではないか、という疑念は晴れない。そもそも社会正義の実現のために公権力を行使して集めた証拠なのだから、公平に取り扱うのが原則に違いない。たしかに、個別には開示することで関係者のプライバシーを侵したり隠滅工作をされたりする可能性があるかもしれないが、少なくとも検察がどんな証拠を持っているかを示すリスト（表題の一覧表）くらいは被告側に渡せるはずだ。

そして、２０１６年5月に成立した改正刑事訴訟法には、争点や証拠を絞り込む公判前整理手続などの段階で被告や弁護人が請求すれば、検察は保管するすべての証拠のリストを交付しなければならない、との規定が盛り込まれ、同年12月に施行された。盗聴拡大や司法取引の導入などで批判を浴びている刑事司法改革だが、これについては一歩前進と評価して良い。

被告や弁護人にとっては、リストをもとに、公判で自らに有利になりそうな証拠の開示を求められるようになる。もちろん、それを開示するかどうかは検察や裁判所の判断にはなるが、以前にくらべれば公平な裁判を受けられそうだ。検察や警察にとっても、証拠をオープンにすれば捜査や立証の正当性を裏づけることにつながるだろう。

⑵「開示の必要性は高い」と弁護団

ところで、この証拠リスト交付制度は通常の刑事裁判が対象である。有罪が確定した人が冤罪だと訴えて裁判のやり直しを求める「再審請求」への適用は、明文化されていない。

しかし、再審を請求している、あるいは請求しようとしている事件ほど、無罪の主張に説得力があるかどうかを検証するために、改めて証拠を精査する必要性は高いはずだ。それに、再審請求は事件発生から時間が経ってから行われることが多く、関係者のプライバシーを侵害したり捜査妨害につながったりする可能性は低い。証拠リスト交付制度を、再審請求に生かすことができないだろうか。

こうした観点も併せる形で、再審請求審で証拠リストを開示するかどうかが争われているのが「袴田事件」である。東京高裁で続く即時抗告審で、袴田巖さんの弁護団と検察はそれぞれどんな主張を展開しているのか。攻防の様子を見ていこう。

検察に対して証拠リストを開示するよう勧告してほしいと、弁護団が東京高裁に申し立てたのは、2015年6月だった。

弁護団は申立書で、それまでの審理で開示請求する証拠を具体的に特定するために、確定記録やその後に入手した証拠などをもとにして「必要以上の労力と時間」を費やしてきたと主張。検察がいったん「存在しない」と回答しながら後になって「見つかった」と言って出してきた証拠があった経緯も指摘しながら、証拠リストの開示は「適正・円滑な審理のためにも必要性がきわめて高い」と強調した。

ちなみに、後で見つかった証拠とは、犯行着衣とされた「5点の衣類」を発見直後に撮影したカラー写真のネガフィルムを指す。検察は静岡地裁の審理で2度にわたり「存在しない」と回答していた。だが、地裁の再審開始決定から間もなくして「警察にあった」と申告。しかも弁護団にその事実を告げる前に、自らに有利な新証拠とするべく、ネガを学者の鑑定に出していた（この問題は後述する）。

さらに弁護団は2015年9月、物的証拠のリスト（領置票）に絞って、検察に開示を命令するよう高裁に申し立てた。

しかし検察は、領置票の開示を拒否する。弁護団から証拠が十分に特定されない形で開示請求がされた場合でも検察は適切に対応しているから、開示請求のために証拠リストが不可欠というわけではない、と反論。弁護団はリスト開示が必要な理由を具体的に述べていないとして、領置票の開示請求を「証拠漁り的な目的」と批判した。

これに対して弁護団は「どのような証拠があるか知らなければ、必要な証拠物すべての開示請求などできるはずがない」「リストであれば、プライバシー侵害などの弊害もない」と主張。弁護人が依頼者に有利な証拠を収集することを「『証拠漁り』と言うのであれば、重要な弁護活動そのものであり、非難される理由はない」と断じたうえで、検察が再審請求審になるまで自らに都合の悪い証拠の存在を明らかにしていなかった例を挙げて、領置票の開示拒否は「証拠隠し」に通じると咎めた。

ここで言う検察が隠していた証拠とは、5点の衣類のズボンのタグに関する製造業者の証言のことだ。ズボンは袴田さんには小さくてはけなかったが、検察はタグに記された「B」の文字がサイズを示しており、ズボンは犯行後に長期間味噌に浸かった後に乾燥したため縮んだと主張し、死刑判決の拠り所の1つになった。製造業者の調書には「B」はズボンの色を表すと記載されていたが、検察はもとの裁判に出さなかった。

続いて弁護団は2016年6月、改正刑事訴訟法が成立したのを受けて、証拠リストの開示を検察に勧告するよう、改めて高裁に申し立てる。改正刑訴法に盛り込まれた証拠リスト交付制度は「証拠開示を充実させて被告の防御権を尽くさせようとしたもの」であり、「当然、この理は再審請求審にもあてはまる」との論理を展開。袴田事件のもとの裁判の時点で公判前整理手続が導入されていれば、証拠リストが弁護団に交付されていたとみられることも、開示請求の理由に挙げた。

⑶ 検察は頑なに開示を拒否

だが、検察は、やはりリスト開示を拒否する。同年9月1日に高裁に提出した意見書で「理由がなく、必要性もない」と述べた。

関係者によると、検察は意見書で、改正刑訴法に盛り込まれた証拠リスト交付制度は、公判前整理手続での証拠開示を円滑・迅速に進めるのが目的と捉えたうえで、「再審請求審と通常の刑事裁判とでは審理構造が根本的に違う」として再審請求への適用を否定した。また、審理に必要性や関連性のある証拠は検察に不利なものでも開示してきたとして、リスト交付の必要性を認めないと主張していたという。

さらに検察は、弁護団の「証拠管理」のあり方にも疑問を投げかけている。問題視しているのは、警察での袴田さんの取調べの様子を録音したテープの音声が、テレビ番組で2度にわたり放映されたこと。録音テープは検察が高裁で証拠開示したもので、1回目の放映後に弁護団が「慎重に取り扱う」と約束していながら2回目の放映がなされ、「資料協力：袴田事件弁護団」とのテロップまで流れたと指摘しているそうだ。刑訴法で禁止された「開示証拠の目的外使用」に当たると示唆したいらしい。

これに対して、弁護団は同年9月15日の検察、高裁との三者協議で反論書を提出した。

再審請求は通常の刑事裁判とは異なるとの検察の主張には「再審請求審においても、証拠リストの開示が、弊害もなく円滑・迅速な証拠開示に有効」との見解を改めて表明。必要性がないとの理由に対しても、「弁護人が証拠開示を請求するに当たって実質的な支障があるとしてリスト交付を求めているのに、検察官が『支障がない』と拒むこと自体、不合理かつ不当」と批判した。

録音テープのテレビ放映については「遺憾」としながらも、「放映によってプライバシー侵害など関係者の権利侵害の問題は生じなかった」との見方を示し、テレビ放映によって「検察が証拠開示に対して消極的になる理由はない」と立論した。

こうした主張の応酬を受けて、高裁は同年11月の三者協議で、リスト開示請求に対して何らかの判断を示すとみられていた。弁護団によると、高裁はこれまで領置票について「事実上の開示勧告」をしており、同年7月の三者協議でも検察に「検討してほしい」と開示を促したという。ただ、ここに来て検察は「テレビ放映問題」を前面に打ち出して強く抵抗したそうで、高裁がどんな判断をするか、その時点では予断を許さない状況だったようだ。

再審請求の審理での証拠リストの開示に法的な規定はないが、逆に言えば裁判所の裁量で開示を求めたり促したりすることはできる。たとえば、狭山事件（1963年発生）の再審請求審では、2015年1月に検察が物的証拠のリストを弁護団に開示している。279点が記されており、うち44点は弁護団が存在を知らなかったものだという。開示されたリストに供述調書や捜査報告書は含まれていないが、物的証拠だけのリストでも意味は大きいのだ。袴田事件の特殊な事情を勘案する必要もある。

静岡地裁の再審開始決定が警察による「証拠捏造」の疑いに言及するなど、5点の衣類をはじめ、死刑判決の支えになった証拠には不審な点が数多い。さらに前述したように、ズボンのタグやカラー写真のネガといった証拠の扱われ方や開示に至る経緯にも、不自然さは否めない。検察がほかにも袴田さんに有利な証拠を隠しているのではないか、という疑念を持たれるのが当然の状況なのだ。「隠している証拠はない」と言うのならばなおのこと、検察はいま現在でも証拠リストを積極的に開示すべきだろう。

たしかに、録音テープのテレビ放映については、弁護団の脇の甘さを批判されても仕方のない面があるとは思う。ただ、放映は一義的にはマスコミの問題で、取材・報道の自由や取材源秘匿との兼ね合いもある。証拠の目的外使用に当たるかどうかと、証拠リストの開示が必要かどうかとは、分けて考えるべきだ。

死刑判決の正当性がここまで崩れてしまった事件なのだから、今からでも真相解明を少しでも前に進めるために、検察にはぜひ、自主的に証拠リストを開示してほしかったし、拒むのであれば、裁判所は開示命令という強い姿勢で、検察に対応を促してほしかった。それが社会正義にかなうに違いないからだ。

前項で触れたように、結局、東京高裁は証拠リストの開示命令を出さなかった。命令の前段の開示勧告についてては、弁護団は「なされた」との認識で、最終意見書では検察を「裁判所から開示が勧告されているにもかかわらず開示に応じないという不当な態度を取り続けてきた。許されない対応と言わざるを得ない」と強い言葉で非難している。しかし、検察は「裁判所から開示を勧告された事実はない」と反論しており、裁判所の曖昧な態度もあって真相はうやむやなままだ。

ともあれ、問題の核心は本稿で触れたように、再審請求審での証拠開示の規定が存在しないことにある。少なくとも検察に証拠リストだけでも開示を義務づけるような法制度の整備が急務だ。

4 「5点の衣類」の捜査に当たった91歳の元警察官らの証人尋問を

（2016年7月13日）

⑴ 味噌タンクや袴田さんの実家の捜索を担当

当事者が若ければ、決定に多少の時間がかかっても支障はないかもしれない。しかし、証人尋問をするよう請求しているのは80歳の死刑囚の側、証言を求められているのは健康状態に不安がある91歳と75歳の元警察官だ。であれば、急がなければならないのは自明の理だろう。ましてや事件の真相解明につながり得る証人だとすれば、なおさらである。

袴田巖さんの再審請求審で、袴田さんの弁護団は2016年3月、新たに証人2人を尋問するよう東京高裁に求めた。事件発生から間もない時期に「5点の衣類」の捜査に携わった静岡県警の元警察官2人である。2人はこれまで法廷で一度も証言しておらず、弁護団は「死刑判決の事実認定が誤っていたことを裏づける有力な証拠になり得る」と主張。「証人尋問の必要はない」とする検察との間で攻防が展開されていた。

弁護団が申請した証人は、事件の真相解明にどんなカギを握っているのだろうか。

2人のうちの1人、男性Aさん(75歳)は、事件現場を所管する清水警察署の署員だった。事件発生の4日後、のちに5点の衣類が発見される味噌タンクの捜索に当たった。

これまで弁護団に「味噌が底部にしか入っていない味噌タンクについて、内部にハシゴをかけ、自分自身がハシゴを伝って、棒のようなものを使用して、味噌の内部に何か隠されているものがないか確認をしたところ、何も発見できなかった」と説明しているという。当時このタンクに入っていた味噌の量は80キロで、タンクの容量を勘案すると、平らにならせば深さ1・5センチにしかならない。

Aさんは、捜索の1年2カ月後に麻袋に入った5点の衣類が見つかったことに対し、「当時、麻袋が味噌の中に隠されていたなどとは考えられない」と話したそうだ。弁護団は「事件発生直後に犯人が麻袋をタンクに隠したとの死刑判決の認定が誤っていたことを裏づける」と主張している。

もう1人の男性Bさん（91歳）は、殺人事件などを担当する県警本部捜査1課に所属。5点の衣類が発見された12日後に袴田さんの実家の捜索を担当し、その1点のズボンと同じ布の端切れをタンスから発見した。この端切れが、5点の衣類が袴田さんのものと断定される大きな根拠になった。

Bさんが袴田さんの弁護人や支援者に話したところでは、捜索当日、袴田さんの実家に到着した時には、事件の捜査の中心にいた警部Mがすでに家の中に上がり込んでいた。Mに「タンスの引き出しの中を調べてみてはどうか」と声を掛けられ、タンスの中を見ると端切れがあったという。Bさんは何の布かわからなかったが、Mが近づいてきて「5点の衣類のズボンの端切れに間違いない」と告げた。端切れが見つかると、開始から30分も経っていないのにMに捜索の終了を指示されたそうだ。

弁護団は「極めて不自然。Mが密かに端切れを持ち込んだ可能性をうかがわせる」とみている。

(2) 捏造の疑いをさらに強める可能性

Aさんが裁判所に対してこの通りの証言をすれば、事件発生直後には5点の衣類は味噌タンクに入っていなかったことになり、その後に何者かが仕込んだ可能性が強くなる。袴田さんは逮捕前の早い段階から警察にマークされていて、タンクの捜索から逮捕までの1カ月半の間に5点の衣類を投入できた余地はないからだ。

ズボンの端切れについても、Bさんがこの通りの証言をして発見経緯の不自然さが浮き彫りになれば、Mがあらかじめ実家のタンスに入れておいて、捜索で発見されたかのように偽装したとの見立てが現実味を帯びてくる。警察は同じズボンの端切れを、5点の衣類の発見後に製造業者から入手しているが、その後なぜか行方不明になっている。

5点の衣類が捏造だった疑いが、いよいよ強くなるのだ。

これに対して検察は、①県警が作った味噌工場の捜索差押調書には、この味噌タンクの捜索担当者としてAさんの名前はなく、弁護団が聴いたとしている内容を実際にAさんが話したのか極めて疑わしい、②実家の捜索令状を持っていたのはMだったから立ち会うのは当然で、M作成の調書によると捜索は2時間以上行われ、目的物の1つだったベルトも押収されていて、端切れの発見経緯に不自然な点はない——などと主張。2人を尋問すれば「不要かつ多大な負担を強いることになり、著しく不相当だ」と反論した。

弁護団が2人の元警察官から、証人となることへの了解を取っているわけではない。とくにBさんは現在、老人福祉施設に入っていることもあり、ここ20年近く詳しい話を聴けていない。Aさんにしても「袴田さん犯人説を信じている」と語っているそうだし、今年に入って弁護団に「事件に関する説明は打ち切りとさせてください」との手紙を送ってきている。名前が挙がったことで、かつての同僚らから「圧力」がかかることも予想される。

証人尋問が実現したとしても、弁護団が想定する通りの証言をしてもらえる保証はない。2人の元警察官の良心に頼るしかない。

それでも弁護団が証人申請したのは、5点の衣類に付いた血痕のDNA鑑定手法が高裁での審理の中心になる中で、この事件にはほかにもたくさんの「疑惑」があることを改めてクローズアップする狙いがある。西嶋勝彦・弁護団長は「2人の証言はDNA鑑定以上に、5点の衣類の捏造を示す有力な証拠となり得る」と強調している。

しかし、東京高裁は2016年7月8日に開いた検察、弁護団との三者協議で、2人の元警察官を証人尋問するかどうかの判断を「先送り」する方針を示したのだった。弁護団は記者会見で「遺憾」「残念」とコメントしている。

(3) 裁判所が判断を先送りした理由は?

高裁は改めて採否の決定をする時期について、「DNA鑑定手法の検証実験の結果を見たうえで」と述べるだけだったという。検証実験の手続は2016年初めに始まったが、この時点でまだ鑑定人の鈴木廣一・大阪医科大教授から高裁に詳しい経過報告はなく、いつ頃までに結果が出るかも不明な状況だった。

ここで疑問に感じるのは、元警察官の証人尋問を実施するかどうかが、どうしてDNA検証実験の結果と連動するのか、という点だ。

東京高裁がDNA検証実験の結果だけをもとに、再審を始めるかどうかの決定を出そうとしている、と考えると話はつながってくる。同年7月8日の三者協議で高裁は、検察の請求していた別の証人尋問や事実調べについても採否の判断を先送りすると表明しており、合わせて推察すれば、これ以上の証拠調べをするつもりがないことを示唆している、というわけだ。

ただし、DNA検証実験は検察の主張に沿う方法で実施されていて、その結果は袴田さんに厳しいものになる可能性があることに注意が必要だ。

繰り返すが、袴田事件にはおかしな点がいくつもある。しかも、検察が持っている証拠が開示されるほどに、新たな疑惑が判明している。審理に時間的な制約はあるにせよ、司法が積極的に解明に取り組むべきなのは言うまでもない。

仮に2人の元警察官から弁護団が想定する通りの証言が得られなかったとしても、2人が重要な証人であることに変わりはない。そして、年齢や健康状態を考えると、証言してもらう「最後のチャンス」とも言える。事件の真相究明という観点から、裁判所には早急に証人尋問の実施を決定するよう強く望みたい。

5 脛の傷はいつ付いたのか～新たな「捏造」疑惑が浮上（2016年5月25日）

犯行時に格闘して付いたはずの脛の傷が、実は、逮捕の際には存在していなかった。その後に犯行を「自白」した時点では確認されていたのに――。

袴田巖さんの再審開始を認めた静岡地裁の決定は「警察による証拠捏造の疑い」に言及しており、またしても「捏造」をうかがわせる材料が表面化したことになる。

袴田さんの弁護団は、この疑惑が死刑判決の事実認定に重大な誤りがあったことを示し、それを裏づける警察の調書が再審開始の要件となる「無罪を言い渡すべき新規・明白な証拠」に当たると主張する意見書を東京高裁に提出した。脛の傷が警察官の暴行でできた可能性も指摘している。

(1) 逮捕当日の調書には記載なし

疑惑の内容を見ていこう。

袴田さんの右足の脛には、逮捕後に犯行をいったん「自白」した2日後（1966年9月8日）の段階で「右下腿中央から下部前面に4カ所の比較的新しい打撲擦過傷」が確認されている。医師の鑑定書によると、傷は長さ1・5〜3・5センチだった。

「自白」の中で袴田さんは「被害者の味噌会社専務と格闘した際に蹴られた」と供述。「自白」の約1年後に現場そばの味噌タンクから見つかったズボン（「5点の衣類」の1つ）にも、右足前面下部のほぼ同じ位置に「2・5×4センチの大きさの、裏地にまで達するカギ裂きようの損傷」があった。

そこで死刑判決は、袴田さんは5点の衣類のうちのズボンをはいて犯行に及び、被害者の専務と格闘した際に右足を蹴られたため、ズボンが破れ、その下の脛にも傷が付いた、と認定した。公判で袴田さんが否認に転じる中で、右足の脛の傷は、5点の衣類が袴田さんの犯行着衣であることとの根拠の1つとして、死刑判決の重要な支えになっていたのだ。

この認定がおかしいことがはっきりしたのは、身体検査調書がきっかけだった。袴田さんが逮捕された当日（1966年8月18日）に警察官が作成したものである。東京高裁の審理の過程で、2015年11月に弁護団が開示を求め、2016年になって検察が応じた。

調書によると、身体検査は令状に基づき袴田さんの「全身」について実施された。理由は「創傷の部位、形状、程度を発見のため」とされている。検査の結果、古い傷痕も含めて7カ所の傷が記録されているが、右足の脛の傷は入っていない。「右足の裏に小豆大の古い傷痕2つ」と、とても小さな古い傷までとらえているにもかかわらず、である。

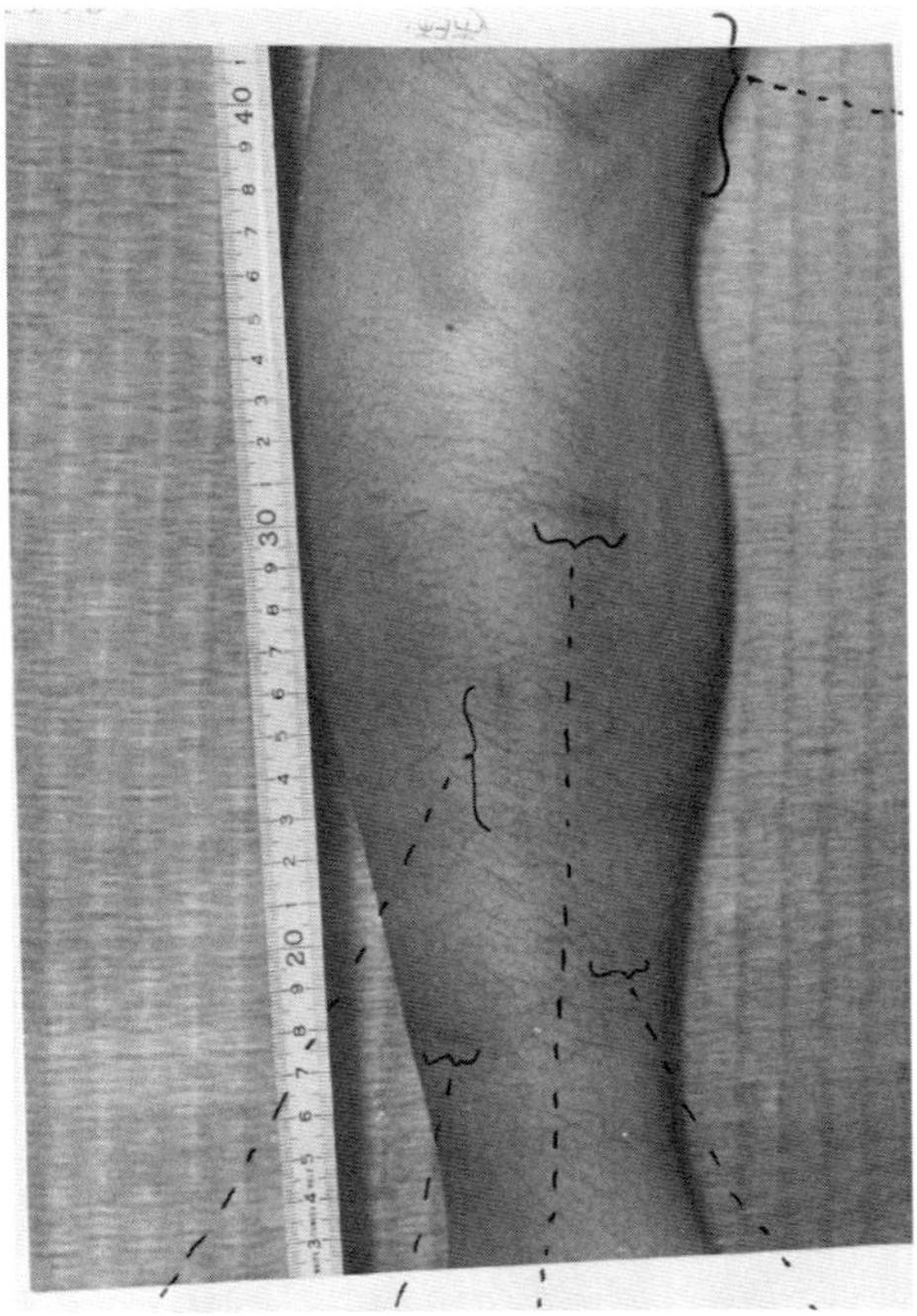

1966年9月に撮影された袴田巖さんの右足脛の傷の写真（中央より下の4カ所、線で示された部分）。医師の鑑定書には「比較的新しいものの如く褐色を呈している」とある（公判記録から）。

傷を見つけることを目的に、令状まで取っての身体検査であるうえ、医師も立ち会っていたとされるから、念入りに行われたであろうことは想像に難くない。

弁護団が調べたところ、ほかにも、①逮捕当日の8月18日に袴田さんの傷を調べた医師の鑑定書にも、右足脛の傷の記載はない、②留置場に収容する際の身体検査の結果を記した留置人名簿にも、右足脛の傷の記載はない、③事件発生直後（7月4日）に袴田さんが病院で手の指の傷の診察を受けた際、立ち会った警察医が確認した5つの傷の中にも右足脛はない――との事実が分かった。

(2) ズボンの損傷は傷に合わせて作られた

このため、弁護団は2016年5月16日に東京高裁に提出した意見書で、「逮捕時である8月18日の段階では、袴田さんの右足脛には何の傷もなかったことは明白である」「『自白』直後の9月8日に発見された右足脛の傷は、逮捕後にできた傷である」と分析したうえで、「死刑判決の事実認定に合理的な疑いが生じた」と主張した。

主な経緯を時系列にまとめてみる。

・6月30日：事件発生。
・8月18日：逮捕。調書などに脛の傷の記載なし。

・9月8日：脛に4カ所の傷を確認。格闘で受傷と「自白」。

右足脛の傷が逮捕の後に付いたとすれば、何を意味するのだろうか。

まず、脛の傷とズボンの損傷ができた時期は「全く無関係」ということになる。脛の傷が犯行時に付いたものではないのであれば、袴田さんがこのズボンをはいて犯行に及んだ証拠にはなり得ないのは自明の理だ。

記憶されている方も多いと思うが、このズボンを含む「5点の衣類」に対しては、静岡地裁決定が「捏造の疑い」に触れている。袴田さんや被害者のものとされていた血痕のDNA型がいずれも本人と一致せず、味噌タンクに長期間漬けられていたにしては着色の度合いが薄すぎることが理由だった。

こうした経緯も踏まえて弁護団は「ズボンの損傷が、袴田さんの右足脛の傷に合わせて作られた可能性をうかがわせる」と見立てた。そして、「5点の衣類が警察による捏造証拠である可能性がさらに高くなった」と強調している。

その後、弁護団は脛の傷の並び方と、ズボンの損傷の形状の違いにも着目した。ともに「カギ裂き」とされているが、ズボンの傷が「L」の字を180度回転させた形であったのに対して、脛の傷はその左右を逆にした形になっている。2018年1月に提出した最終意見書で弁護団は、ズボンの損傷と脛の傷の形が「なんら一致などしていない」と批判し、警察がズボンを捏造する際に脛の傷の写真が存在しなかったために、袴田さんの「自白」にあった「カギ裂きの傷」との表現だけに頼って左右を間違えた、と推測している。

２０１６年の弁護団の意見書はまた、開示された調書によって8月18日と9月8日の身体検査に当たった警察官は同一人物だったことが判明したことから、「警察は右足脛の傷が逮捕後に付いたものであることを知っていた」と断じた。それなのに袴田さんに「専務に蹴られた」と嘘の自白をさせたのは「極めて悪質」と批判。さらに、脛の傷が「警察官から暴行を受けて生じた可能性も否定できない」と言及した。

補足すると、袴田さんの起訴前の取調べは1日平均12時間にも及んでおり、かつて袴田さんは警察官からその際に暴行を受けたと訴えていた。そうした点を勘案すると、あり得ないことは言い切れまい。

一方の検察。「右足脛の傷が逮捕時点にはなかったとする弁護団の主張は失当である」と反論し、脛の傷が逮捕時点の調書に記載されていない理由については「傷の外観や袴田さんの供述に照らして、犯行との関連が強く疑われる傷のみが選別されて記録された」と説明した。弁護団が、逮捕当日の袴田さんの身体の写真とネガフィルムも開示するよう求めたのに対しては「存在しない」と回答してきた。

弁護団は、同様に令状に基づいて実施し、同じ警察官が担当した9月8日の身体検査調書には写真が添付されていることから、「8月18日の際に撮影をしなかったことは考えがたい」とみている。検察が写真を開示しなかったのは「右足脛の傷がないことがはっきりと写っていたからと考える以外にない」と分析した。

西嶋勝彦・弁護団長はこれらの状況を踏まえ、2016年5月24日に開かれた裁判所、検察、弁護団による三者協議後の記者会見で「右足脛の傷の問題は決着がついた」と自信を見せた。

再審請求審では、5点の衣類に用いられたDNA鑑定手法をめぐり、東京高裁が検察の提案に則った方法で検証実験の実施を決めたため、審理が長期化しつつある。検証実験の結果によっては、袴田さんの再審開始決定は取り消され、再び死刑囚として収監されるおそれまで出ている。

注目はDNA鑑定に集まっているが、再審請求審で次々におかしな点があぶり出されていることを忘れてはなるまい。脛の傷の疑惑を合わせれば、死刑判決に少なくとも「合理的な疑い」があることは明らかだ。

高裁決定は、逮捕当日の調書などに脛の傷の記載がないことについて「そこまで徹底した検査が行われたとは考え難い」との論理で弁護団の主張を認めなかった。弁護団は特別抗告申立書で「幼稚な判断」と強く批判している。

6　警察が接見の盗聴までしていた（2015年4月22日）

(1)　逮捕後5日目からあからさまな違法行為

警察に逮捕された容疑者には、弁護人との接見（面会）が権利として認められている。そして、その内容が警察に知られることがないように、立会人なしで接見できることも権利として刑事訴訟法で保障されている。「秘密交通権」と言い、「直ちに弁護人に依頼する権利」を定めた憲法34条に由来しているそうだ。

接見とは、今後の捜査や裁判に向けてどんな方針で臨むのか、容疑者と弁護士が作戦を話し合う場だから、手の内を捜査機関に知られないようにするのは当然のことである。接見の後で捜査機関が容疑者にその内容を質問すること自体を違法と判断した判決（2011年・福岡高裁）もあるという。

容疑者の権利の根幹をなす秘密交通権が、明らかに侵害される事態が警察署内で起きていた。事件発生の1カ月半後に強盗殺人などの容疑で逮捕された袴田巖さんが弁護士と接見している時の様子が、なんと「盗聴」されていたというのだ。袴田さんの再審請求にあたっている弁護団をして「前代未聞で言語道断」と怒りあきれさせる大問題である。

発覚した端緒は、２０１４年10月に突然、袴田さんの警察での取調べの様子を録音したテープが静岡県警清水警察署の倉庫で見つかったことだった。そもそも検察はそれまで、取調べのテープは「（すでに開示された）１本しかない」と弁護団に答えてきており、事件発生から半世紀近くも経った今ごろになってテープが出てくること自体が不自然なのだが、そこは措く。録音された音声は２０１５年1月末に、東京高裁で行われている即時抗告審の審理の中で袴田さんの弁護団に開示された。

昔のオープンリールテープ23本に、約48時間分が収められている。全体に音質は悪く聞き取りにくいのだが、内容を再生・分析しているうちに接見のやりとりが４分30秒余り含まれていることが分かった。

弁護団によると、このテープの外箱には「8月22日　№2　午後4時40分~45分　岡村弁ゴ士」と書かれていた。岡村鶴夫弁護士（故人）が、袴田さんの当時の弁護人である。留置場の記録や後の公判での証言と照合したところ、実際にこの日時に接見があったことが裏づけられ、やりとりの内容も合わせて、弁護団は接見場面の録音と断定した。１９６６年8月22日は袴田さんが逮捕されて5日目で、弁護士と初めての接見だった。場所は清水署で、接見室だったのか取調室だったのかは不明という。

秘密交通権に鑑みれば、警察が接見を録音すること自体が違法であり得ないことだから、「盗聴」されて録音されたとしか考えられないのだ。逮捕されてから20日目に犯行を「自白」させられるまで、袴田さんは真っ向から犯行を否認していたから、弁護士に「秘密」を漏らさないか、警察が接見の内容を探ろうと企んだであろうことは想像に難くない。

この場面の音声にもノイズが多く、特に袴田さんの声はよく聞き取れないが、「パジャマに血が付いていると言われても、分からないんですよ」と話しているのが確認できるという。

逮捕直後のこの段階では、件の「5点の衣類」は見つかっておらず、袴田さんの犯行着衣はパジャマとされていた。身に覚えのないことを追及されて、戸惑いながら必死で無実を訴えようとしている様子が垣間見られる。一方の弁護士は「(袴田さんの)家族に言われて来た」「担当検事に会った」などと話している。

袴田さんの弁護団は2015年4月13日に東京都内で記者会見を開き、こうした経緯や概要を説明した。弁護団の西嶋勝彦団長と戸舘圭之弁護士は「秘密交通権は刑事手続上、最も重要な権利の1つ」と位置づけたうえで、「これほどあからさまな違法が、逮捕後わずか5日目から行われていたとは……。違法に違法を重ねたうえで、この事件は成り立っている。一刻も早い再審無罪を」と強調した。

弁護団が袴田事件の捜査に対して「違法に違法を重ねたうえで」と批判するのには理由がある。

その1つが、自白を取らんがための無理な取調べだ。起訴するまでの1日平均で12時間、長い日は午前2時まで16時間超にも及んだ。死刑を言い渡した1968年の一審・静岡地裁判決でさえ、起訴前に警察が作成した28通の自白調書を「任意性に疑いがある」とすべて証拠から排除し、捜査に対して「適正手続の保障という見地からも、厳しく批判され、反省されなければならない」と強い言葉を浴びせている。

⑵ 法曹界もマスコミも深刻に受けとめるべき

それにしてもこの接見盗聴問題、法曹界もマスコミも、もっと深刻に受けとめるべきではなかったか。2015年4月14日の参議院法務委員会で質された法務省刑事局長は「(盗聴というような形で接見の)秘密を侵害することは許されない行為」、警察庁刑事局長も「一般論として、捜査機関が密かに弁護士との接見を録音することは許されない」と答弁している。半世紀近く前のこととはいえ、今でも警察が同様の盗聴をしていないとは言い切れない。しかも、袴田事件に限ったことではなく、疑惑はあらゆる事件の接見にあてはまる。刑事事件に関わる日本中の弁護士が、危機感を共有するべきだろう。日本弁護士連合会(日弁連)には然るべき対応を取ってほしいし、この接見盗聴問題を地方版の紙面でしか報じていない朝日新聞や毎日新聞もきちんと取り上げるよう求めたい。

接見盗聴問題を受け、袴田さんの弁護団は2015年4月16日に開かれた裁判所、検察との三者協議で「録音テープは他にももっとあるはずだ」と主張し、取調べや接見の録音をすべて開示するよう強く求めた。検察は「1月に開示したものがすべてだ」と答えたそうだ。

しかし前述したように、検察が「1本しかない」と言い張ってきたテープが実は他にもあったのだから、検察と警察が徹底的に調査をやり直し、すべてを弁護団に開示するのは当然のことだ。裁判所も、強い姿勢で臨んでほしい。

7 検察の「二枚舌」主張が発覚～有罪にするためなら「何でもあり」なのか（2014年10月29日）

検察とは「社会正義の実現」を目的とする組織だと考えている人は、今でも多いのではないだろうか。しかし、この事件における検察の姿勢は、真実を究明することなど二の次で、一度獲得した有罪判決（しかも死刑）を何としても維持せんがために、ありとあらゆる手段を使ってあがいているように見える。誠に残念なことだ。

2014年3月になってようやく、袴田巖さんに静岡地裁が再審の開始決定を出し、袴田さんが即日釈放されたことは、多くの人々の記憶に残っていると思う。しかし、検察が決定を不服として東京高裁に即時抗告したために、袴田さんは無罪になるどころかこの時点で未だ再審すら始まっておらず、身分は「確定死刑囚」のままだ。東京高裁での審理は2014年8月以降、裁判所と検察、袴田さんの弁護団による三者協議が2回開かれ、本格化してはいたものの、いつ決着するかの見通しは立っていなかった。

この中で、またしても検察のおかしな振る舞いが明らかになった。

検察が徹底的に批判し続けている法医学者のDNA鑑定の手法を、別の事件では絶賛していたという「二枚舌」の対応である。

⑴　別の事件では本田氏のDNA鑑定を高く評価していた

弁護団によると、こんな内容だ。

袴田事件の第2次再審請求審では、死刑判決が袴田さんの犯行着衣と認定した「5点の衣類」が本当に袴田さんの犯行着衣なのかどうかが最大の争点になった。静岡地裁の再審開始決定は「5点の衣類が袴田さんのものでも犯行着衣でもなく、後日捏造されたものであったとの疑いを生じさせる」と断じたが、その際に新証拠の1つに採用したのが5点の衣類のDNA鑑定の結果だった。

その最大のポイントは、5点の衣類の1つである半袖シャツの右肩に付いた血痕だ。被害者ともみ合った際にけがをした袴田さんの血液とされていたが、袴田さんと一致するＤＮＡ型は検出されなかった。これは弁護団推薦、検察推薦の２人の鑑定人の共通の結論だった。さらに弁護団推薦の鑑定人である本田克也・筑波大教授は、被害者の返り血とされてきた血痕についても「被害者の血液は確認できなかった」と判断した。地裁はこの鑑定結果を大きな拠り所として、再審開始を決定した。

即時抗告した検察は当然、本田氏のＤＮＡ鑑定が正しくないことを立証しようと躍起になっている。

関係者によると、検察が東京高裁に提出した書面では、５点の衣類が味噌に漬かった状態で見つかったことから、事件時点で付いたＤＮＡは味噌によって分解されてしまったとか、検出されたＤＮＡ型は捜査や公判の過程で付着した第三者の唾液や皮脂などによるものだとか、さらには本田氏自身のＤＮＡ型が鑑定の際に混入した可能性にまで言及したという。検察は独自に警察庁科学警察研究所（科警研）に依頼して本田氏の鑑定手法による「再現実験」を実施し、血液のＤＮＡ型を取り分けて抽出することはできなかった、とも主張しているそうだ。

本田氏の鑑定手法に対する検察の攻撃は地裁の審理の段階から始まっており、「本田氏独自の方法であり、非科学的で信用できない」と強調してきた。それが高裁段階でエスカレートし、本田氏のＤＮＡの混入疑惑にまで及び、西嶋勝彦・弁護団長が「誹謗中傷まで交えて批判しており品がない」と怒るほど過熱している。

検察は高裁に対して、5点の衣類のＤＮＡ再鑑定とともに、数人のＤＮＡ鑑定専門家の証人尋問を申請しているという。いずれも本田氏の鑑定手法に批判的な人たちとみられ、本田鑑定の正当性を潰すのが狙いだ。ここまで来ると権力の側の「執念」が感じられて、空恐ろしくなってくる。

ところが、である。当の検察がかつて、本田氏の手法を「科学的で信用性が高い」と公判で高く評価していたことが判明したのだ。

その事件とは、神戸地検が２００６年に起訴した兵庫県の殺人事件だ。被告の男性は犯行を否認していたが、本田氏がＤＮＡ鑑定で、被害者の身体に付着していた体毛のＤＮＡ型が被告の型と「一致する」との結論を出し、裁判では鑑定の信用性が大きな争点になった。

検察はこの事件の論告で、本田氏について次のように持ち上げている。

「過去、多数のＤＮＡ型鑑定等を経験し、豊富な実績を挙げている者であり、ＤＮＡ型鑑定につき、高度の専門的な知識、技術、経験を有する者である」。

そして、本田氏の鑑定手法や鑑定結果について「誰が行っても可能な普遍性を有する」「科学的根拠は十分」「高度の信用性を有する」と絶賛した。袴田事件での本田氏への評価と１８０度異なることに驚かされる。

事件の現場に被告の指紋などの直接的な物証はなく、目撃者もいなかった。だが、神戸地裁は2008年、本田氏のDNA鑑定の結果を拠り所として検察の主張を全面的に受け入れ、求刑通り懲役15年の有罪判決を言い渡した。被告は控訴、上告したが、最高裁は2011年に棄却し、刑が確定している。

袴田さんの弁護団によると、当時、本田氏の手法は論文発表などがなされていない段階だったが、その後、論文で発表され国際学会でも認知されており、袴田事件のDNA鑑定が実施された2011～12年時点では「一層、科学的に信頼性の高いものになっている」という。

(2) 世界チャンピオンも抗議

弁護団は、検察の二枚舌の主張が「著しく不当な訴訟活動」にあたるとして、2014年9月末に東京高検に抗議するとともに、東京高裁に対しても、検察に主張の撤回を促すなどの訴訟指揮をするよう申し入れた。

その中で弁護団は、検察の姿勢を「これまでの主張に矛盾し、裁判所や弁護人、さらには国民をも欺かんとする行為であり、強い非難に値する」「司法に求められる『正義』などおよそ存在していない」「組織の威厳を保つために、科学に反し、自らの従前の主張にも反する主張をしてまで、無辜を死刑に処さんとする国家権力の行為には戦慄すら覚える」と強く批判している。

検察の「二枚舌」主張に抗議するため東京高検へ向かう（右から）内山高志、井上尚弥、輪島功一のボクシング現・元世界王者＝ 2014 年 10 月８日、東京・霞が関（撮影／小石勝朗）。

もっともだと思う。

この問題については、独立した記事で扱った全国紙は読売新聞（２０１４年9月30日付朝刊）くらいで、一般にはあまり知られていないが、以来各方面で波紋を広げつつある。

日本プロボクシング協会など袴田さんの支援団体は同年10月8日、東京高検へ抗議に赴いた。現役世界チャンピオンの内山高志さんと井上尚弥さん、元世界王者の輪島功一さんも参加した。もっとも高検は「支援団体の前回の抗議（別件）から日にちが経っていない」という理由できちんと応対せず、庁舎玄関前で事務官が抗議文を受け取るだけだった。

同年10月24日の衆議院法務委員会、28日の参議院法務委員会でもこの問題は取り上げられた。しかし、就任したばかりの上川陽子・

法務大臣らは「係属中の刑事事件に関わる事柄で、所感を述べることは差し控えたい」と答弁するばかりで、事実関係にさえ触れなかった。「具体的事件に関する検察の活動に重大な影響を与えたり、影響を与えるのではないかとの国民の疑念を生じさせたりしかねない」(上川法相)からだそうだ。きちんと説明しないからこそ、疑念を深めるのだが……。

少なくとも検察には、2つの事件で本田氏の鑑定手法への評価が正反対になっている理由をきちんと説明する義務がある。「有罪にするためなら何でもあり」という態度ではいくらなんでも国民の理解は得られず、検察への不信感は増すばかりだろう。「社会正義の実現」という原点に立ち返り、袴田事件における今後の取り組みを再考するよう切望する。

8　ないはずのネガフィルムが突然出てきた～新たな「証拠隠し」疑惑

(2014年8月20日)

(1)　検察は2度「存在しない」と回答

再審開始を認めた静岡地裁の決定が、捜査機関による「証拠捏造」の疑いを指摘したのは、この記事を書いたわずか4カ月あまり前のことだ。その記憶が覚めやらぬままに、袴田事件の再審請求審で検察の「証拠隠し」疑惑が浮上した。

疑惑は２０１４年８月５日、東京高裁の即時抗告審になって初めての三者協議（裁判所、検察、弁護団）の後に、袴田巖さんの弁護団が記者会見で明らかにした。隠されていた証拠とは、死刑判決の根拠になった「５点の衣類」を１９６７年８月の発見直後に撮影したカラー写真のネガフィルムである。しかも、静岡地裁では検察が２度にわたって「存在しない」と回答していたものだという。それだけで怪しさ満点である。

今一度、２０１４年３月の静岡地裁の再審開始決定を振り返ってみよう。

５点の衣類に対して、袴田さんの弁護団や支援者らは「１年２カ月も味噌に漬かっていたにしては着色の度合いが薄すぎる」と主張してきた。人間の血液を塗った衣類を実際に１年２カ月の間、味噌に漬ける再現実験を実施し、「衣類は赤味噌と同じ色に一様に染まり、血痕も容易に識別できなくなる」との報告書を裁判所に提出した。５点の衣類のような薄い着色なら、わずかな時間で作り出せることを実証したのだ。

静岡地裁は実験報告書を新証拠と認め、再審開始決定の２つの柱のうちの１つに据えた。「５点の衣類の色は、長期間味噌の中に隠匿されていたにしては不自然」「ごく短時間でも、発見された当時と同じ状況になる可能性が明らかになった」と評価したうえで、５点の衣類が「事件から相当期間経過した後、味噌漬けにされた可能性がある」と判断した。つまり、発見直前に味噌タンクに投入された＝捏造されたというわけだ。

地裁の決定が、5点の衣類は長期間味噌に漬かった状態ではなかった、と認定するうえで有力な材料になったのが、発見直後の写真だった。もとの裁判の段階でも発見時の写真や、状況を記した調書・鑑定書は出ていたが、現在の第2次再審請求で初めて検察が開示したカラー写真が決定的だった。特に、味噌の色にほとんど染まらないまま生地の緑色を保っているブリーフの写真を見て、「短い時間で仕込まれたものだと確信した」と弁護団や支援者らは話している。

「証拠隠し」を疑われているのは、これらを含む発見直後のカラー写真のネガフィルムである。検察は、静岡地裁の再審請求審で写真を開示したものの、そのネガは「存在しない」、つまり、なくなったと答えていた。

(2) 不可解な発見の経緯

袴田さんの弁護団によると、今回の「証拠隠し」疑惑の概要はこんな具合だ。

検察は東京高裁に即時抗告した後、2014年7月17日に「申立理由補充書」を提出した。その中で、111コマのカラー写真のネガが「静岡地裁の決定後に警察で発見された」として、うち30コマについての小林裕幸・千葉大教授（画像工学）の鑑定書を新たな証拠として提出する方針を明らかにした。

鑑定した30コマはこれまでに開示された写真のネガが中心のようで、検察は「焼き付けた写真の色は実物と違っている」と主張しているという。つまり、焼き付けたカラー写真をもとに、1年2カ月も味噌に漬かっていたにしては着色の度合いが薄すぎるとした静岡地裁の認定に対し、焼き付け方によって写真の色は現物より濃くなったり薄くなったりするのだと反論する趣旨らしい。小林氏の鑑定書は、この論旨を裏づけようとしたもののようだ。

「ない」と言っていたネガを今になって「あった」と出してきたことを、三者協議で弁護団が追及すると、検察は「事実に反する答えをしたことを率直に謝罪する」と詫びたそうだ。ネガを高裁に提出すると約束はしたものの、「同じフィルムには別の事件の資料も写っている」として、111コマのうち袴田事件関連が何コマあるかについては明言しなかった。

弁護団は、ネガの中には5点の衣類が入っていた麻袋を写したコマや、衣類の全体写真、拡大写真など、これまでに開示されていないものが含まれている可能性が高いとみている。「検察は自分たちに都合の良いものだけを出そうとしている」と疑念を抱くのは当然だろう。

弁護団は三者協議で高裁に宛てて、検察にネガをすべて開示させるよう求める「証拠開示命令申立書」を出した。高裁は「争点に関連して必要があれば開示を勧告する」と回答したという。

その後、検察は2014年9月10日に約90コマのネガを高裁へ提出した。2018年1月の最終意見書まで「カラー写真で色を正確に再現・保存することは難しい」『古いカラー写真やネガは経年劣化による退色や変色が不可避」としたうえで、5点の衣類を撮影したカラー写真の色が「発見当時の色を正確に反映しているとは言えない」との主張を続けた。

それにしても不可解なのは、ネガがいきなり「発見」された経緯である。

弁護団は三者協議の席でやはり高裁に宛てて、検察に対し、①ネガが発見された日時、場所、発見者と、発見に至った経緯の詳細、②静岡地裁での審理中にネガが発見されなかった理由、③ネガが発見されたにもかかわらず、現時点まで弁護団に開示しなかった理由——を説明させるよう求める「求釈明申立書」を出した。

この中でカラー写真のネガを「5点の衣類の色に関する新証拠（味噌漬け実験）の信用性や、捜査機関による証拠捏造の有無の判断に影響を及ぼす重要証拠」と位置づけ、「今になって『（再審開始の）決定後に警察で発見された』とだけ説明されてもにわかに信じがたい。率直に言って、検察官、あるいは警察が、重要証拠であるネガを隠し、地裁で虚偽の回答をした可能性も否定できない」と不信感を露わにした。

さらに、ネガが発見されてからも「弁護団に対しては、開示するどころか、発見されたとの事実すら明らかにしなかった」のみならず、検察が自らに有利な証拠とするべく学者の鑑定に提供していたのは「不公正であるとのそしりを免れるものではない」と批判している。

検察はその際、弁護団に説明を求められた事項について「検討して回答する」と述べたうえで、これまで存在しないとしていた他の証拠についても、改めて調査する意向を示したそうだ。たしかに弁護団の言う通り、静岡地裁で再審開始決定が出てから検察が即時抗告の「申立理由補充書」を提出するまで3カ月あまりの間に、なかったはずのネガが急に出てくるという経緯自体がおかしいと受けとめるのが、一般市民の感覚だろう。袴田事件では、かつても似た出来事があったような……。そう、事件発生から1年2カ月も経って、公判の雲行きが検察にとって怪しくなってきた段階で都合良く発見された「5点の衣類」がオーバーラップする。そして、それらは今なお、捏造の疑いを指摘されているのだ。

検察にネガを隠す意図はなかったとしても、静岡地裁の審理で開示を求められた段階できちんと捜さなかった過失の重さは否定できないだろう。袴田事件では、検察がどんな証拠を持っているのか、そのリストさえ弁護団には示されていない。だから、故意であれ過失であれ、本当は「ある」証拠でも自分たちに都合の悪いものは「ない」ことにしておけば、どうせ裁判所や弁護団には分からないという気持ちが検察にあった、と勘繰られても仕方あるまい。

(3) なりふり構わぬ反撃に出る検察

「証拠隠し」の文脈で言えば、袴田事件では第2次再審請求になって初めて開示された証拠に、「もとの裁判に出されていたら死刑判決は覆っていたのではないか」と考えられるものがあったことも忘れてはならない。

5点の衣類のズボンのタグに記されていた「B」が、サイズではなく色を示すというズボン製造業者の証言である。法廷で袴田さんがこのズボンの装着実験をしたところ小さくてはけなかったにもかかわらず、検察が業者の調書を出さなかったために、裁判所は「B」はサイズを指しており、もともと大きかったズボンが味噌に漬かった後に乾燥して縮んだので袴田さんははけなくなった、と認定してしまった。検察は裁判所をも欺いていたわけだ。

「社会正義とは何なのか」と考えてしまう。東京高裁には、こうした袴田事件の経過も踏まえて、ネガの証拠価値をしっかりと見極めてほしい。

この疑惑から見えてくるのは、検察はおそらく「証拠隠し」と指弾されることも承知のうえで、それでも再審開始決定を覆すために、即時抗告審でなりふり構わぬ反撃に出るつもりでいるということだ。DNA鑑定についても改めて専門家の尋問を求める意向をこの時点で示唆していたようで、地裁で弁護団の推薦を受けて鑑定した本田克也・筑波大教授や、本田氏を批判する法医学者らを証人として申請するとみられていた。あくまでも死刑判決の維持にこだわろうとしているわけだ。

前述した2014年8月の三者協議後の記者会見で、西嶋勝彦・弁護団長は高裁での検察の主張に対し、「味噌漬け実験には難癖をつけているだけだし、証拠捏造疑惑に対しては弁明に終始している」と非難しながら、「反論はきちんとする」と宣言していた。

袴田さんの年齢や体調を考えると、少しでも早い再審開始—無罪確定が望まれるところではある。しかし、検察があきらめない以上は、真っ向から主張を闘わせるしかない。

9 「焼けたお札」も捏造証拠か～「自白」の誘導が明らかに

ここまで書いてきた事柄のほかに、袴田巖さんの弁護団が「東京高裁の即時抗告審で明らかになった証拠の捏造」に挙げるのが「焼けたお札」である。

そもそも、不可解な証拠ではあった。

(1) 郵便局で見つかった不審な封筒

事件発生から約2カ月半後の1966年9月13日、「袴田事件」が起きた静岡県清水市（現在は静岡市清水区）の清水郵便局で、1通の「事故郵便物」が見つかる。封筒に差出人名はなく、宛名には清水警察署とだけ書かれ、中に紙幣18枚が入っていた。合計金額は5万700円。袴田事件の被害者の味噌会社専務宅から奪われた現金の金額から、袴田さんが事件後の生活で使った金額（警察が尾行などで把握）を引いた額とほぼ一致している。

すべての紙幣は、左上と右下の「記号番号」の部分が焼かれていた。うち2枚のお札には鉛筆のようなものを使ってカタカナで「イワオ」と記され、別の1枚には微量の血痕が付着していた。さらに「ミソコウバノボクノカバンノナカニシラズニアツタツミトウナ」（注：味噌工場のぼくのカバンの中に知らずにあった罪問うな）とカタカナで書かれた便箋が同封されていた。

きわめて不審な封筒であったことに、疑いの余地はない。

警察や検察はこの紙幣を、袴田さんが被害者宅から奪ったものだと主張した。根拠は、袴田さんの「自白」だ。被害者宅から奪った現金のうち約5万円を、親しかった元同僚女性のFさんに預けたという内容で、事件への関与を疑われることを恐れたFさんが番号部分を焼いて送った、との筋書きを立てた。これを第一審の死刑判決は認めた。

しかし、Fさんは公判でこうした行為を認めておらず、肯定する供述調書もない。「犯行を知らない人に盗んだお金をわざわざ預けるか」「こういう燃やし方をするなんて、とても不自然だ」という疑問は、当時から出ていた。

袴田さんの弁護団が即時抗告審で提出した申立書や意見書などによると、明らかになっているのはこんな経緯だ。

袴田さんが、犯行とともにお金をFさんに預けたと最初に「自白」させられたのは、1966年9月6日。警察はその内容を裏づけるために、Fさんの供述や物証が必要だった。

清水郵便局で見つかった「焼けたお札」の1枚。左側に「イワオ」と書かれている（公判記録から）。

清水郵便局で焼けたお札が発見された9月13日は、ちょうど1週間後である。

その前日にはFさんの家族が警察に取り調べられており、検察は公判でFさんに対し、「家族が警察に全員呼ばれて、袴田さんがあなたのうちを訪ねなかったか聴かれたので、あなたは怖くなってお金を封筒に入れて警察署に郵送したのではないか」と尋問している。

実はFさんへの捜査は、袴田さんの「自白」以前から行われていた。事件発生から1カ月も経たない7月20日に、警察官がFさんの自宅を訪れて袴田さんとの関係を問いただしていた。

袴田さんが逮捕されて4日後の8月22日には、Fさんの自宅を捜索する。令状の差押え目的物は「本件（注：袴田事件）に関係ある被害金品、凶器など」だった。差し押さえられたものはなかったが、すでにこの時点で、警察はFさんが事件に関与していると疑っていたのだ。

袴田さんが「自白」した翌日の9月7日には、Fさんを派出所に呼び出して取り調べ、12日には前述したようにFさんの家族から聴取した。

翌13日に清水郵便局で焼けたお札が見つかると、14日にはFさんの居住先と実家を捜索。その際の令状の差押え目的物は「被害現金と認められる紙幣を焼毀した灰や残滓、焼毀に使用したと認められるマッチ、ろうそく、郵送に使用したものと同種と認められる白封筒、便箋、鉛筆、糊など」で、封筒や便箋、糊などが押収された。

焼けたお札を送ったのはFさん、との見立てで捜査が進んでいたことは間違いない。そして、この日、Fさんは袴田事件とは別の脅迫容疑で逮捕される。

Fさんが9月24日に「本件」の贓物寄蔵（盗品保管）容疑で再逮捕されるまでの10日間も、警察と検察は連日、袴田さんとのかかわりを追及し、また、その際の取調べの内容が「袴田さんからお金を預かったこと」だったと、公判で明らかにされている。まさに別件逮捕である。ちなみに、贓物寄蔵容疑での勾留請求は裁判所に認められず、Fさんは9月27日に釈放されている。

Fさんが脅迫容疑で勾留中の9月23日には、Fさんの妹が検察に聴取され、2通の供述調書が作成されている。しかし、テーマは脅迫容疑に関するものではなく、袴田さんが「自白」した通りに7月10日ごろお金を預けるためFさん方を訪問していたかどうか、だった。妹はそれを認めていない。

お札や便箋に書かれた文字の筆跡鑑定も行われた。第一審判決はFさんの筆跡と認定したが、死刑を追認した第二審・東京高裁判決は「筆跡鑑定だけから封筒の差出人がFさんであると断定することは躊躇される」と述べている。

どう見ても警察や検察の筋書きには根拠＝明確な証拠がなく、怪しさがいっぱいなのだ。

２０１４年の静岡地裁の再審開始決定は、お札の燃やし方について「意図的に記号番号が分からなくなるように燃やしたと考えるのが合理的」と指摘した。Ｆさんがやったのであれば「なぜ、袴田さんが犯人である、少なくとも関与していることを明示するような文言を書き付けたのか、その理由が理解できない」と誰もが抱く疑問を記したうえで、「このような証拠があること自体が不自然である」との見解を示した。

そのうえで、焼けたお札が「意図的に作り上げられた証拠、すなわち捏造の疑いさえもあるものと評価せざるを得ない」と断じた。素直な受けとめだろう。

弁護団も「仮にＦさんが袴田さんから預かった札を、袴田さんの名前まで記載して郵便局に送付したとすれば、札の出所を隠匿する理由はなく、番号部分を焼毀する必要性はない」（即時抗告審の最終意見書）と主張してきた。記号番号の部分だけが燃やされていたのは、捏造した（おそらくは）警察が、紙幣の製造時期を分からないようにするためだったとみている。郵送されたお札の製造時期が事件より後だった可能性をごまかす必要があったのだ。

(2) 取調べ録音テープで新事実が判明

さらに、弁護団は最終意見書で、これまで隠されていた新たな事実を明らかにした。袴田さんの「自白」には警察による誘導があった、というのである。

即時抗告審で開示された取調べ録音テープによって判明した「自白」の様子は、こんなふうだ。

当初、袴田さんは奪ったお金を「味噌工場の井戸に捨てた」と供述した。取調べの警察官に否定的な態度を取られると「中身は使い、袋は焼いた」に変遷するが、取調官はそれも受け入れない。その後、取調官からこんな言葉が発せられた。

「誰かに預けてあるだ、おまえさん、そんじゃ。Fに預けたのか」。

袴田さんが口にする前に、警察官がFさんの名前を出しているのだ。

袴田さんは最初のうち、Fさんに預けたことを認めない。それに対して、警察官は畳みかける。

「本当のことを言えば、必要最小限度で迷惑はかけないようにやる」。

執拗に迫られて追い詰められた袴田さんから、預けた相手は「Fです」との供述が引き出された。

続けて、Fさんに預けた金額についても、先に取調官が「5万円くらい」と口に出し、袴田さんはその通りに供述している。

検察は、袴田さんのこれらの供述を「秘密の暴露」と強調し、「自白」の信用性の根拠にしてきており、死刑判決も認めていた。しかし、それは全く的外れで、実態は警察官の誘導によるものだった。

弁護団は最終意見書で、「Fさんに現金5万円を預けた」との袴田さんの「自白」は、「すべて取調官の誘導の結果に他ならないことが明らかになった」と強く批判した。そして、「自白」の直後に、その内容に沿った「焼けたお札入りの封筒」が発見された経緯は、静岡地裁の再審開始決定が指摘したように「袴田さんの供述を捜査官が引き出し、それに合致した証拠を捏造した」ことの可能性をより高めた、と主張した。

これに対して検察は即時抗告審で、「奪った金のうちの約5万円をFさんに預けた」との袴田さんの「自白」が秘密の暴露にあたるとの主張を崩さなかった。

最終意見書では、焼けたお札はFさんが警察の取調べを受けた直後に送付されていること、紙幣や便箋の文字の筆跡がFさんに酷似していること、Fさんの公判での証言態度が曖昧だったことなどを列挙。取調べを受けて袴田さんが「自白」していることを知り、「自分も罪に問われるのではと追い詰められた思いでいたFさんが、自らへの疑いをそらすために過剰な反応をしてしまったり、少しでも罪を問われる可能性を低め、あるいは罪を軽くしたいと考えて、預かった現金を警察に送ろうとする心理は十分に理解できる」と分析している。

お札の番号部分を燃やしていた理由としては、①自分が使用・換金する場合も考えて被害品であることを分からないようにするためだった、とか、②受け取った現金をすでに使用したり、自分のお金と混同したりしていて、送った紙幣が被害品ではないことが判明しないようにするためだった――などと説明した。

また、焼けたお札が送られたのは事件から2カ月半後で、「事件後に発行された紙幣が混ざることの方が極めて稀有な事態と考えられる」として、捏造の可能性を指摘した地裁決定に反論している。

一方で検察は、弁護団がFさんの供述調書や関連する捜査報告書などの証拠開示を求めたのに対し、応じなかった。「本件封筒等に捏造の疑いがあるとした静岡地裁決定の当否や、再審理由の有無を判断するのに、必要性・関連性があるとは認められない。これらを開示することに相当性も認められない」と理由を述べたという。弁護団は「検察こそむしろ捏造の疑いを払拭するために、Fさんに関する証拠を積極的にすべて開示すべきだ」と批判する。

静岡地裁の再審開始決定が認定したように、焼けたお札にかかわる証拠や捜査の経緯はとても不自然で、不可解だ。しかも、袴田さんの「自白」が取られた過程に重大な瑕疵があったことが判明した以上、「お札は袴田さんが奪ったもので、それをFさんに預け、Fさんが焼いて投函した」という警察や検察の筋書きは成り立ち得なくなっている。

袴田さんを犯人にするための、つくられた証拠という意味で、「焼けたお札」の本質は「5点の衣類」に通じている。

高裁決定は、Fさんがお札を焼いて送ったとの認定について「一定の目的に沿った合理的な行動とは言えない」と地裁決定の評価を否定した。弁護団は特別抗告申立書で「きわめて非常識な憶測」と強く反発している。

第4部 DNA鑑定をめぐる攻防

東京高裁の即時抗告審で焦点になったのは「DNA鑑定」だった。静岡地裁での審理の様子を起点に、時系列で振り返る。

1 身柄拘束45年にして「再審・無罪」の可能性が仄見えてきた

（2011年7月6日）

(1) 静岡地裁がDNA鑑定の実施方針を示す

それは、事件発生から45年が経った翌日のことだった。

元プロボクサーの死刑囚、袴田巖さんが冤罪を訴えている「袴田事件」。第2次再審請求を審理している静岡地裁は2011年7月1日、「犯行時の着衣」に付いた血痕のDNA鑑定を実施する方針を示した。

袴田さんの弁護団は「着衣は捜査機関に捏造された」と主張している。死刑判決の認定を覆して、血痕が被害者のものや袴田さん本人のものではないという鑑定結果が出れば、再審開始が認められて無罪判決につながる可能性も出てきた。

静岡県清水市（現・静岡市清水区）で味噌会社の専務一家4人が殺害された袴田事件の発生は、1966年6月30日未明。DNA鑑定実施という画期的な方針を裁判所が示すまでに、丸45年もの歳月が費やされたのだ。捜査段階でいったん犯行を「自白」したものの、公判では一貫して無罪を主張した袴田さんは、身体を拘束されたままである（2014年3月27日に47年7カ月ぶりに釈放）。「死刑囚」の名の下に。

DNA鑑定されることが決まったのは、半袖シャツ、スポーツシャツ、ズボン、ブリーフ、ステテコの「5点の衣類」だ。

犯行現場そばの味噌工場のタンクから見つかったのは事件発生の1年2カ月後で、それを受けて検察は「犯行時の着衣」をパジャマから変更した。しかも、その中のズボンは、公判廷で袴田さんには小さくてはけなかったにもかかわらず、裁判所は「味噌に漬かってから乾燥したため縮んだ」と検察の主張どおりに認定し、死刑判決の有力な根拠とした。

発見の経緯からして怪しいし、公判の途中で犯行時の着衣という最重要の証拠を変更することと自体おかしい、と考えるのが一般人の感覚だろう。味噌に漬かったのが原因でそんなにも縮むというのも、にわかには信じがたい。1年以上も味噌に漬かっていたにしては衣類の着色の度合いが薄いのも不自然だとして、弁護団や支援団体は、衣類の味噌漬け実験を重ねるなど、5点の衣類が袴田さんの犯行着衣ではないことを証明しようと腐心してきた。

(2) DNA鑑定の2つのポイント

静岡地裁がDNA鑑定の実施方針を打ち出した2日後、支援団体が静岡市清水区で開いた集会で、弁護団事務局長の小川秀世弁護士の話を聞いた。

小川弁護士によると、DNA鑑定は弁護団が求めていた。検察、弁護団との三者協議で、地裁は8月下旬に鑑定の委嘱に伴う鑑定人尋問をする意向を示し、「鑑定人の予定を聞いてほしい」と述べたという。検察も反対しなかったそうだ。小川弁護士は、「捏造かどうかを確認するための鑑定を、裁判所が『やってみよう』と言ったんですよ」と興奮気味だった。

DNA鑑定のポイントは2点ある。

1つは、被害者の返り血とされた血痕のDNA型が、被害者と一致するかどうか。被害者の一家4人の血液ではないことがはっきり分かればもちろんのこと、そこまで行かなくても、血液型や性別が異なると判明するだけで「捏造」の可能性は高くなる。

もう1つは、半袖シャツの右肩に付着した血痕が袴田さんのものかどうか。「違う」となれば、あとから証拠を作った疑いが強まる。いずれも、捏造かどうかは別にしても、袴田さんと事件を結んでいた大きな拠り所が崩れることは確かだ。

弁護団が推薦した鑑定人の本田克也・筑波大教授は、鑑定期間のめどを「半年以内」としており、この時点では2011年度中に結果が出る見通しだった。

5点の衣類のDNA鑑定は第1次再審請求でも実施されたが、2000年に「鑑定不能」の結果が出ている。このため弁護団には「一度そういう結果が出ているのに裁判所が認めるだろうか」と実現に懐疑的な見方もあった。しかし、新たに加わった若手弁護士が最近になって本田氏に当たったところ、「自信を持ってできる」との回答が得られ、鑑定申請に至ったそうだ。この10年間の技術の進歩を、裁判所も無視できなかったのだろう。

袴田事件に対するこれまでの司法の対応の冷たさを思えば、確かに大きな前進には違いない。だが、素直に喜べない部分もまだまだ多い。

そもそも、DNA鑑定で袴田さんに都合の良い結果が出るとは限らない。それに、鑑定は弁護団推薦の鑑定人だけでなく、検察が推薦する鑑定人も担当するから、双方の結果が食い違った場合に裁判所はどういう判断をするだろうか。すぐに再審開始を決定するなんて、甘い見通しは禁物かもしれない。

東京拘置所での袴田さんは2010年8月以降、姉の秀子さんとの面会にも応じていない。長期間の身柄拘束による拘禁反応と糖尿病に加え、最近は認知症が疑われている。

小川弁護士は、再審請求とは別に、袴田さんの恩赦を求めていく考えを明らかにした。死刑囚の恩赦には減刑しか前例がなく、刑の免除という形を取ってもらえないか検討しているそうだ。恩赦については、前提となる罪を認めることになるとして否定的な意見もあるが、「1日でも早く拘置所から出すために、一番手っ取り早い方法」と判断したそうだ。

冤罪を訴え続けながら半世紀近く身柄を拘束され、30年以上も死刑執行の恐怖と向き合ってきた袴田さん。裁判は裁判として、人道上の見地から、とにかく一刻も早く適切な医療を受けてもらいたい。そのための条件整備が急務だ。

2 検出されなかった被害者のDNA型（2011年12月28日）

事件発生から45年も経っているのに、と言うべきか、45年経ったからこそ、と言うべきか。いずれにしても、こんなにもいろいろと新たな事実が明らかになっているのだから、検察も意固地になるのをやめたらどうか。何が真の社会正義に資するのか、いま一度、基本に戻って対応を考え直してほしいと切に願う。

(1) 何者かが工作した可能性

袴田巖さんが犯行時に着ていたとされる「5点の衣類」について、付着した血液のDNA鑑定の結果が2011年12月22日、公表された。その中で、弁護団が推薦した鑑定人の本田克也・筑波大教授が「被害者の血液は確認できなかった」とする結果を出したのである。

当たり前だが、5点の衣類に付いた血液が被害者のものと異なれば「返り血」ではなく、犯人が事件の時に着用していたとは断定できなくなる。それは、別人の血液が何らかの形で、事件の前か後かに付いたことを意味する。弁護団が主張するように、捜査機関による「捏造」なのかどうかは措くとしても、袴田さんを犯人と認定した死刑判決の構造自体が崩れることになる。

今回のDNA鑑定の対象になったのは、5点の衣類（ステテコ、半袖シャツ、スポーツシャツ、ズボン、ブリーフ）の、血液が付いているとされる計9カ所だった。同時に、被害者4人のシャツや下着、計6点のDNA型も調べた。鑑定事項は、①これらに人の血が付いているか、付いているとすれば血液型、②付いているDNA型、③それが血液に由来する可能性、④同一人のDNA型があるか、⑤DNAの性別、など7項目である。

その結果――。

本田氏は「各試料には血液が付着しているものと考えられる」としたうえで、「血液型は、これまでの検査（死刑判決での認定）とほぼ一致する」と述べた。血液から導いたＤＮＡ型から、５点の衣類と被害者の衣類の「双方にわたって付着している、同一人の血液は確認できなかった」と分析。さらに、５点の衣類からは、被害者の衣類から検出されていないＤＮＡ型が複数認められており、「血縁関係のない、少なくとも４人以上の血液が分布している可能性が高い」と結論づけた。

検察推薦の鑑定人、山田良広・神奈川歯科大教授は、ブリーフの血液が「（被害者と）同一の可能性を排除できない」と鑑定書に記した。

半面、袴田さんと被害者４人の中でＡ型は専務（男性）だけなのに、５点の衣類の半袖シャツに付いたＡ型とされる血液を「女性の可能性がある」とも示している。また、人の血なのかどうかや血液型については「検討しなかった」、検出したＤＮＡが血液のものかは「不明」としたうえで、「長年常温で保管されていたとすれば、ＤＮＡの分解が進んでいたことを否定できない」「第三者のＤＮＡが付着していることは否定できない」と、そもそも鑑定の精度自体が高くないことを釈明するかのような記述もある。

弁護団の西嶋勝彦団長は結果の公表に伴う記者会見で、本田氏の鑑定について「袴田さん以外の何者かが工作した可能性を強くうかがわせる。無実が99％明らかになっている」と強調した。山田氏の鑑定に対しては「ＤＮＡが血液のものかどうか不明というのでは、鑑定の体をなしていない。（ブリーフの血液が被害者と同一の可能性という）根拠が全く示されておらず、鑑定として問題のある中身だ」と批判した。

この結果を受けて弁護団は２０１１年12月26日、静岡地裁に早期の再審開始を要望した。検察に対しては、袴田さんの刑の執行停止と釈放を求めた。逮捕されてから45年以上になる袴田さんは、長期の拘置による拘禁反応に加え、最近では認知症や糖尿病が疑われている。姉の面会には２０１０年８月から１年以上応じておらず、とにかく「適切な医療機関での治療が必要」と訴えている。

一方の検察。静岡地検は「２つの鑑定結果には相当の食い違いがあり、同一試料を使ってなぜこのような食い違いが出たのかも含め、その信用性について検討していく必要がある」とのコメントを発表した。検察幹部は「試料が古すぎて、そもそも鑑定に適していなかったのではないか。現時点では再審開始を判断する決定的材料にはならない」「ここまで食い違うのは疑問。どちらかの鑑定か、いずれの鑑定も間違っている可能性がある」と鑑定の精度を疑問視しているそうだ（毎日新聞・12月23日付朝刊）。

⑵　大きく揺らぐ死刑判決の土台

袴田さんの再審は実現するのだろうか。

本田氏と山田氏のDNA鑑定の方法が違っており、精度などについて裁判所で鑑定人尋問が行われる見通しで、場合によっては、裁判所が改めて別の学者に鑑定を依頼することもあり得るとのことだった。

弁護団は、5点の衣類の半袖シャツの右肩に付着した血痕が袴田さんのものかどうか、さらなるDNA鑑定を実施するよう静岡地裁に申し入れた。袴田さんが被害者ともみ合った際にけがをして付いた血痕とされており、この鑑定でも袴田さんと同じB型だった。この血痕からはDNA型が検出されており、袴田さんのDNA型と一致するかどうかを調べ、捏造かどうかはっきりさせようという狙いである。

袴田さんの型と一致する可能性もあるから、弁護団にとってはリスクも大きい。だが、ここで出来る限りの手を尽くす決意を見せていた。

再審開始の行方を考えるうえで大事な視点は、たとえ一方の鑑定であったとしても「被害者とは別人の血液」とする結果が出たという事実の重みだろう。捜査機関が捏造したのかどうかは、あえて問わない。しかし、死刑の土台が大きく揺らいでいるのだ。判決の根幹に少しでも疑わしい要素があるのだから、再審を開始して裁判をやり直すべきなのは火を見るより明らかである。

それから、ここで死刑制度の是非までを論じるつもりはない。死刑制度があろうがなかろうが、とにかく袴田事件において、刑を執行することはもちろん、死刑判決を見直さないのはおかしい、というスタンスに立つ。刑を執行してしまってからでは、やり直しがきかないのだ。

裁判所と検察には、ぜひとも「疑わしきは罰せず」という刑事司法の大原則に立ち戻って、迅速に対応してほしい。確固たる証拠に基づかないまま刑を執行することが、社会正義にかなうわけがない。これは私たち自身がいつ直面するかもわからない問題でもあり、市民の側からもきちんと声にして伝えていきたい。

判決確定からでも31年間、死刑の恐怖と向き合いながら幽閉され続けてきた袴田さんの時間は戻るべくもないが、今からでも誤りを認めることを躊躇してはならない。

3　袴田さんとも一致しなかった血痕のDNA型～再審開始へ決定的な鑑定結果（2012年4月18日）

刑事裁判の再審がまず認められないことは広く知られている。一度は確定した有罪判決の誤りを認めてひっくり返すのだから、起訴をして有罪にした検察はもとより、有罪判決を出した裁判所にしても、そう簡単には再審開始を受け入れない。「新規かつ明白な証拠」という厳しい条件が課されているだけでなく、スタンス自体が抑制的なのだ。

「袴田事件」の再審請求をめぐり、新たな、そして極めて重大な展開があった。もとの有罪=死刑判決の土台を崩す証拠が公になったのである。これで再審開始―無罪にならないとしたら、それでも確定判決に基づいて死刑が執行されてしまうとしたら……。そう考えると本当に恐ろしくなる。

(1) 弁護団が主張する「捏造」ストーリー

第2次再審請求の審理の中で、「5点の衣類」のDNA鑑定が実施されていることは以前にも紹介した。事件から1年2カ月も経って発見されたという経緯はとても不自然だし、袴田巖さんには小さくてはけなかったズボンを本人のものだと言われても、誰だってにわかには信じられまい。加えて、味噌に長期間漬かったような色合いの衣類がごく短時間で作り出せることも、袴田さんの弁護団や支援団体の実験で判明した。

5点の衣類が本当に袴田さんのものなのか、素人でさえ相当な疑いを抱かざるを得ない。つまり、警察が5点の衣類に第三者の血液を付けて味噌タンクに仕込み、発見させる。その後、袴田さんの実家を捜索に訪れた警察官が、タンスからズボンと同じ布の端切れを偶然発見したかのように装う――。弁護団が主張する「捏造」のストーリーである。

それを検証するにはどうしたら良いのか。5点の衣類に付着している血液が、被害者や袴田さんのものと一致するかどうかを確かめれば話は早い、ということで実現したのが、5点の衣類のDNA鑑定だったのだ。

鑑定ではまず、5点の衣類の血痕が被害者のものかどうかがテーマになった。

前項で紹介したように2011年末に出た鑑定書で、弁護団推薦の本田克也・筑波大教授は「被害者の血液は確認できなかった」と結論づけ、「血縁関係のない、少なくとも4人以上の血液が分布している可能性が高い」と分析。一方、検察推薦の山田良広・神奈川歯科大教授は、ブリーフの血液が「(被害者と)同一の可能性を排除できない」と記したものの、人の血なのかどうかや血液型については「検討しなかった」、検出したDNAが血液のものかは「不明」とするなど、曖昧な内容だった。

(2) 2人の鑑定人の評価が一致

この段階ですでに「新証拠」と言えたのだろうが、決定的な証拠とするため弁護団があえて求めたのが、半袖シャツの右肩に付いたB型の血が袴田さん(B型)のものかどうかを調べるDNA鑑定だった。前回の鑑定の時に、双方の鑑定人ともこの部分のDNA型を割り出しており、２０１２年3月14日に東京拘置所で採取した袴田さん本人の血液を分析し、照合していた。本田氏の結論は「不一致」だった。自身の鑑定手法だけでなく、前回の鑑定で山田氏が用いた方法によっても、ＤＮＡ型は一致しなかった。さらに、前回、山田氏が血液以外の第三者のＤＮＡが付着した可能性を指摘したことに対して、「明らかに血液由来のＤＮＡの型であると判断することは自然である」と強調した。

一方の山田氏も、半袖シャツを含む5点の衣類と袴田さんのＤＮＡ型について、「完全に一致するＤＮＡは認められなかった」と結論づけた。

要するに、弁護団推薦、検察推薦の双方の鑑定人が、半袖シャツの右肩部分の血痕は「袴田さんのものではない」との評価で一致した。「袴田さんがこのシャツを犯行時に着ていた」と断定した死刑判決の構造が否定されたのだ。再審を始めるのに十分ではないだろうか。

山田氏は、ブリーフに付いたＤＮＡ型が「袴田さんに由来するとして排除できない」と記している。しかし、根拠としているＤＮＡ型は日本人には出現頻度が高いようなので、袴田さんと5点の衣類の関係を明確に結び付ける証拠にはなり得ないと弁護団はみている。

再審請求の審理がどう続いていったか。

この結果が出る前の4月2日、静岡地検は本田氏に対して、前回のＤＮＡ型の検査の条件や方法、判定の根拠などを詳しく尋ねる22項目の求釈明申立書（質問書）を静岡地裁に提出している。弁護団と検察が裁判官のいない場で鑑定人に手法などを質問する「カンファレンス」の開催も求めている。

本田氏の鑑定手法が特殊なものであると印象づけ、信用性が低いとアピールする作戦のようで、検察は再審開始決定を出させないために、ＤＮＡ鑑定の細かいところを突いて裁判所に新証拠として採用されるのを防ごうとするだろう。

一方の弁護団はこの鑑定結果を受け、「無実が裏づけられた」として、改めて速やかな再審開始を求めている。ただ、一連のＤＮＡ鑑定の結果をもって今の再審請求審での主張を完結させるのか、さらに別の証拠を出していくのか、その後の方針は当時まだはっきり決まっていないようだった。

ＤＮＡ鑑定の方法や評価について裁判所を交えて検証したり、鑑定人尋問が行われたり、場合によっては別の専門家による第３の鑑定が実施されたりすることになるらしい。

そうであっても、２人の鑑定の結論が「半袖シャツの血痕は袴田さんのものではない」と一致した意味は極めて重い。重ねて書くが、再審を始めるのに十分である。いわんや、死刑事件だ。少なくとも「疑わしきは罰せず」の大原則に則って死刑囚を一刻も早く苦しみから解放することは、人道的にも至極当然のことに違いあるまい。

4　鑑定人尋問で地裁審理は大きなヤマ場に（2012年11月7日）

2011年の夏以降、死刑判決が犯行時の着衣と認定した「5点の衣類」をDNA鑑定したところ、袴田巖さんのものとされていた半袖シャツの血痕のDNA型が、袴田さんの型とは一致しないと判明した。弁護団推薦の本田克也・筑波大教授、検察推薦の山田良広・神奈川歯科大教授の2人が、同じ結論を出した。さらに本田氏は、4人の被害者のものとされてきた血痕のDNA型が「被害者のものとは確認できなかった」との鑑定結果も出している。

そうしたDNA鑑定の結果を受け、鑑定人に対する証人尋問が2012年11月2日、第2次再審請求を審理している静岡地裁で始まった。弁護団の小川秀世事務局長によると、1981年に第1次再審請求をして以来、証人尋問が行われるのは初めてだそうだ。初日は本田氏に対する弁護団の主尋問があり、休憩を挟んで3時間以上に及んだ。

尋問は非公開で、終了後に記者会見した弁護団によると、DNA鑑定とは何ぞやから始まり、鑑定手法や、40年以上前の血痕を鑑定するにあたっての工夫、さらに「5点の衣類から、被害者の血液とは考えられないDNA型を検出した」との結果について証言してもらった。5点の衣類が犯行着衣かどうか著しく疑問であるとして、弁護団が主張している「捏造説」を裏づける内容だったという。

ＤＮＡ鑑定を新証拠として採用させたくない検察は、本田氏の手法が特殊で、信用性が低いと印象づける作戦を取っていたが、尋問で本田氏は「科学的な手法を組み合わせたり応用したりして取り組んだ」ことを具体的に語ったそうで、弁護団は「説得力があった」と評価していた。弁護団のメンバーは「袴田さんの無実を確信できた」「裁判所にもきちんと理解してもらえた」と手ごたえを感じた様子だった。

追って山田氏への検察の主尋問があり、その後、年内にも両鑑定人に対する反対尋問が行われる。これが終わると、双方が最終意見書を出し、いよいよ再審を始めるかどうかの裁判所の決定を待つという流れになっていた。

ＤＮＡ鑑定の精度について、裁判所がこだわるのは理解する。しかし、弁護団推薦、検察推薦の鑑定人のいずれもが、袴田さんのものとされていた血痕が「袴田さんのＤＮＡ型と一致しない」と判断した意味は重い。５点の衣類が捏造かどうかは措くとしても、少なくとも「袴田さんがこのシャツを犯行時に着ていた」と認定した死刑判決に、重大な疑義が生じていることは間違いない。

いわんや、本田氏は、被害者のものとされてきた血痕についても、ＤＮＡ型が被害者とは一致しないと結論づけている。袴田さんを犯人とした死刑判決は大きく揺らいでいる。

この後の鑑定人尋問で山田氏は「自分の鑑定結果の信用性に自信がないので『撤回する』と証言」（弁護団の高裁最終意見書）し、審理を混乱させた。

2014年3月の静岡地裁の再審開始決定は、本田氏の鑑定結果を受けて「シャツに付着していた血液は、袴田さんのものではない蓋然性が高まった」「5点の衣類の血痕が、被害者のものでもない可能性を相当程度示す」と判断し、再審開始の要件である新証拠の1つと認めた。山田氏の鑑定結果に対しても「シャツの血痕が袴田さんのものでないという事実と整合的と評価できる」と捉えた。

そのうえで決定は「5点の衣類が犯行着衣であり、袴田さんが着用していたものであるという死刑判決の認定に相当程度、疑いを生じさせ、特に袴田さんの犯人性については大きな疑問を抱かせる」と結論づけた。

地裁の決定を不服として即時抗告した検察は、本田氏の鑑定手法への批判をさらに強めていく。そして、東京高裁はＤＮＡ鑑定を争点に据え、検察が求めた検証実験に前向きな姿勢を示す。そのため審理は長期化した。

5　DNA鑑定をめぐって続く綱引き（2015年2月18日）

静岡地裁の再審開始決定を受けて、2014年3月に東京拘置所から釈放された袴田巖さんは、初めての年末年始を郷里の静岡県浜松市で、餅つきをしたり初詣に出かけたりして過ごしたそうだ。

自由の身になるまで、死刑判決の確定から33年、逮捕されてからだと48年近く。長期間の身体拘束による拘禁反応の影響で相変わらず脈絡のない言葉が目立ち、周囲を気にしないマイペースの生活というが、共に暮らす姉の秀子さんのサポートを受けて元気に毎日を過ごしていることが何より喜ばしい。

袴田さん姉弟の日常を追うドキュメンタリー映画の制作発表も、2015年1月末に行われた。「巖さんの存在自体がメッセージを発している。2人が生きてきた軌跡に、僕らが思いを寄せる作品にしたい」と金聖雄監督。日々の暮らしの中にある喜びや発見を丁寧に描くことで、司法のむごさや未だに死刑囚の身分のままでいることの理不尽さが伝わると考えている。

制作発表会見に出席した袴田さんは「映画なんて、みなウソだ。信じるんじゃない」と飄々と語っていたが、その発言自体が事件発生から半世紀近くの「重み」を浮き彫りにしていると捉えれば、作品の狙いも理解できそうだ。

さて、「袴田事件」。再審開始決定─袴田さんの釈放ですべて決着したと思っている方も多いが、検察が静岡地裁の決定を不服として即時抗告したため「再審を始めるかどうか」の審理が東京高裁（大島隆明裁判長）で続いていた。毎回強調させてもらっているが、袴田さんの身分は前述した通り「確定死刑囚」のままなのだ。

(1) 本田氏の鑑定手法を攻撃

２０１４年暮れと２０１５年2月10日に開かれた東京高裁、検察、袴田さんの弁護団による三者協議で、即時抗告審での審理のポイントが絞られてきたようなので、それまでの経過を記したい。

東京高裁での主な争点は、静岡地裁が再審を始めるのに必要な「新証拠」と認めた2点だ。1つは、袴田さんの犯行着衣とされていた「5点の衣類」に付着した血痕のＤＮＡ鑑定について。もう1つは、事件後1年2カ月も経って味噌タンクから見つかった5点の衣類の「色」について。そして、現段階で焦点が当たっているのはＤＮＡ鑑定の方だ。

ＤＮＡ鑑定をめぐって静岡地裁が新証拠と認定したのは、弁護団が推薦した本田克也・筑波大教授による5点の衣類の鑑定結果だった。特に、被害者ともみ合った際にけがをした袴田さんの血液とされてきた半袖シャツ右肩の血痕について、袴田さんから採血して得たＤＮＡ型と比較し、「本人と一致しない」とした鑑定結果が決定的だった。被害者の返り血とされてきた他の血痕についても、本田氏は「被害者の血液は確認できなかった」と結論づけている。地裁決定が、５点の衣類には「捏造された疑いがある」と断じる根拠になった。

これに対して、検察は東京高裁に提出した即時抗告の申立理由補充書で、本田氏の鑑定の信用性を攻撃する作戦に出た。

標的にしたのは、本田氏が独自に編み出した鑑定手法だ。１つは、微量のＤＮＡにバナジウムという物質を加えて分析可能な量まで増やす方法。もう１つは、唾液や皮脂、汗などが混じっている可能性のある試料から血液に由来するＤＮＡを選り分けて取り出す方法（選択的抽出方法）である。議論が続いているのは、選択的抽出方法の有効性についてだった。

検察は地裁決定の後、警察庁科学警察研究所（科警研）と青木康博・名古屋市立大学大学院教授（法医学）に依頼して、本田氏の選択的抽出方法の「再現実験」をしたという。

このうち科警研が実施したのは、32年前にガーゼに付けた血液と、半年前にガーゼに付けた血液にそれぞれ別人の唾液を混ぜ、選択的抽出方法でＤＮＡ型を調べる、という方式だ。その結果、「半年前」の試料からは血液と唾液双方のＤＮＡ型を検出。「32年前」の試料から検出されたのは唾液のＤＮＡ型だけで、血液のＤＮＡ型は出なかった、としている。

また、青木氏は20年前と16年前にガーゼに付けた血液で実験をした。その結果として、本田氏の手法では「古い血痕からDNAを抽出すること自体が困難だった」とし、この手法が「血液由来のDNAを抽出する可能性を高めるとは考えがたい」と結論づける意見書を提出した。

つまり、本田氏の選択的抽出方法では血液のDNAを選り分けて抽出することはできない、特に5点の衣類のような古い試料からは血液由来のDNAを抽出することはできない、と言いたかったわけだ。

ちなみに、検察はこれを受けて、地裁段階での本田氏の鑑定では本田氏自身のDNAが混入して検出されていたと主張し、それを前提に本田氏がDNA型の判定を改変したとの疑いまで指摘していたそうだ。本田氏はこれまでに他の多くの事件で検察に依頼されてDNA鑑定を引き受け、有罪判決の拠り所となる結果も提供しているのに、である。袴田さんの弁護団は検察に対して「本田氏の名誉を棄損する違法な主張」と強く抗議している。

(2) 第三者による検証実験を要求

さらに、検察は自らが得た「再現実験」の結果をもとに、裁判所が委嘱する第三者によって同様の検証実験をするよう東京高裁に求めていた。選択的抽出方法を用いれば、古い試料から血液に由来するDNAを抽出することができるのか、また、血液由来のDNAを抽出する可能性を高めると評価できるのかを確かめるため、とその狙いを述べている。

その検証実験を行うかどうかをめぐって、当時、主に裁判所と弁護団でやり取りが行われている。

東京高裁は2014年末の三者協議で、第三者による検証実験について「少し気になるので、裁判所の疑問をそこだけ実験で確かめたい」と弁護団に提案したという。弁護団は2015年2月初めに「選択的抽出方法はすでに世界的に受け入れられており、科学的な合理性は十分だ」として、「検証実験は不必要・不相当。かえって審理を長引かせ、無用な混乱を招くだけ」と主張する意見書を提出したが、この時点で高裁の納得は得られておらず、同年2月10日の三者協議でも弁護団と「押し問答をしている」状態だったという。

こうなってくると、どうも検察のペースで三者協議が進んでいるようにも思えてくる。再審開始決定が覆されてしまいはしないだろうか。

弁護団が検証実験を不必要と主張する根底には、そもそも血痕が付着していると認定された部分から採取した試料でDNA鑑定を実施しているのだから、なぜ今さら血液に由来するDNA型かどうかが争点になるのか、という疑問がある。他の事件でも、血液の付着がはっきり確認された試料から抽出したDNAは、血液に由来するものだと承認されているという。

5点の衣類のDNA鑑定は、第1次再審請求の1998~2000年にも実施されている。

その際、ＤＮＡ型については「鑑定不能」だったが、血液型は識別できていた。つまり、事件発生から30年以上が経過していても、衣類の同じ場所に血液型を判定できるレベルの血液が付着しているのは確実だった。

血液に由来するＤＮＡが消えてなくなることはあり得ないし、乾燥して固まった血液細胞は皮脂や汗、唾液に含まれる剥離した皮膚細胞よりも残存性が高く、細胞内のＤＮＡも長期的に保存されるので、血痕由来のＤＮＡが優先して検出される、と弁護団は説明している。

本田氏が鑑定で選択的抽出方法を使ったのは、静岡地裁から「ＤＮＡが血液に由来する可能性」を鑑定事項として求められたためで、あくまで「補足的な手順」にすぎず、この手法を用いないでも鑑定結果に変わりはない、とも強調している。さらに、検察の「再現実験」に対しても、「血液とは全く関係のないＤＮＡが多数検出される」という結果が出ていない以上、本田氏の鑑定の信用性を否定する材料にはならない、と反論している。

(3) 事実調べのやり直しは必要ない

弁護団には、なぜ高裁の審理で新たな検証実験の実施が論点になるのか、という思いもあったようだ。

刑事裁判では控訴審（二審）は「事後審」で、一審の訴訟記録をもとに一審判決の妥当性を事後的に判断するのが原則とされており、このような再審請求での即時抗告審にも準用される。基本的に一から事実調べをやり直すことは想定されておらず、検証実験を実施する必要はない、との論理である。

2月10日の三者協議後の記者会見で、西嶋勝彦・弁護団長は「検証実験は抗告審が予定していない構造だ」と言及。他の弁護士も実務上の経験をもとに「もし立場が逆で、同じような検証実験を弁護団が求めていたら、裁判所はここまで向き合うだろうか」と高裁の対応に疑問を投げかけていた。

ある弁護士は「仮に検証実験をする場合、たとえば5点の衣類と全く同じ状態の48年前の血痕はどうやったって調達できないわけで、地裁での鑑定と条件を完全に一致させることは不可能だから、どこかが違う結果になる可能性は十分にある。何か1つでもそうした要素が出れば、検察はそれに乗じて本田氏の鑑定結果すべてが間違っているとの主張を展開するだろう」と警戒感を露わにしていた。確かに高裁審理での検察のなりふり構わない姿勢を見ていれば、そんな不信感を抱くのもやむを得ないと思う。

ただし、裁判所が選択的抽出方法にこだわるのは、この手法の有効性さえクリアになればDNA鑑定に関する弁護団の主張を受け入れられるので、その部分の補強を求めているため、とみることもできる。一概に「裁判所が検察の主張に傾いている」とばかりも言い切れないのが悩ましいところだ。

検証実験をするかどうか、東京高裁は２０１５年4月の次の三者協議で方向を打ち出す可能性が高いとみられていた。実施となれば、実験の条件をどうするか、誰に実験してもらうか等々、詰めるべき課題はたくさんあり、結果が出た後もその評価をめぐる関係者の尋問などで相当の時間を要することは間違いない。

(4) 即時抗告審、長期化のおそれ

折しも、２０１４年末の三者協議では、捜査段階での袴田さんの取調べを録音したテープが静岡県警の倉庫で新たに見つかったことが明らかにされ、テープは２０１５年1月末に弁護団に開示された。計48時間分あり、犯行を否認していた時点のものなど「かなり生々しい声が入っている」(弁護団)という。なぜ今になってテープが急に出てくるのか、という疑問は解けないにせよ、弁護団はこれを「新証拠」にする計画で、文字化したり内容を解析したりするのに、やはり相当の時間がかかりそうだ。

ということで、東京高裁の即時抗告審は長期化するおそれが出てきていた。

真相に近づくために必要な審理を、拒む理由はない。この時点で、即時抗告審が長引くことで、袴田さんの安穏とした暮らしがただちに乱される心配もなさそうだった。ただ、いたずら

に裁判を引っ張った挙句に万が一にも再審開始決定が取り消されるような事態になれば、袴田さん姉弟の心身へのダメージは計り知れないことを、関係者は十分認識しておかなければならなかったのだが……。

再審の目的は、あくまでも袴田さんの雪冤と名誉回復である。高齢の袴田さんへの配慮を忘れずに審理を進めてほしい、と願うばかりだ。

6 東京高裁、検証実験の実施へ傾く（2015年4月22日）

2015年4月16日の三者協議で新たな展開があった。

再審開始決定を出した静岡地裁が新証拠の1つと認めたのが、「5点の衣類」に付いた血痕のDNA鑑定結果だったが、その鑑定手法の有効性を確認する検証実験の実施が確実になったのだ。再審開始決定を不服として即時抗告した検察が、東京高裁に求めていた。

静岡地裁が新証拠としたDNA鑑定にあたったのは、袴田巖さんの弁護団が推薦した本田克也・筑波大教授だった。検証実験の対象になるのは、唾液や皮脂、汗などが混じっている可能性のある試料から血液に由来するDNAを取り出す「選択的抽出方法」と呼ばれる手法だ。検察は「本田氏独自の手法で有効性がなく、鑑定結果には信用性がない」と主張している。

検証実験について、弁護団は「必要ない」との立場を取り続け、この日、高裁へ提出した意見書でもその論理を展開した。検察による意見書で本田氏の手法を批判した法医学者が本田氏の反論に答えていないとして、「選択的抽出方法に関する科学的な議論は決着した」との見解を示し、検証実験の実施は「いたずらに審理を長期化するだけ」と改めて訴えた。

即時抗告審のあり方としても、地裁決定の妥当性を事後的に判断するのが原則で、一から事実調べをやり直すことは想定されていないから、実験は「法律上許されるものではない」とも指摘している。

しかし、東京高裁は検証実験の実施に積極的な姿勢を示し、この日の三者協議でも「強く希望した」という。弁護団としても「必要ない」と言い続けるだけでは、不利な条件のまま裁判所の職権で強行されてしまう可能性が出てきていた。すでに検察はその時点で「選択的抽出方法が失敗するようなやり方」(弁護団の笹森学弁護士)を提案してきていた。

このため弁護団は実施条件の対案の提示には応じる意向で、具体的な検討を始めたそうで、早ければ次回5月の三者協議で、検証実験の実施が決まる。

ただ、弁護団は「裁判所がどういうことを何のためにやりたいのか、現段階では趣旨がよく分からない。それによって実験のやり方が変わってくる。次回の三者協議で真意を聞きたい」(笹森弁護士)と東京高裁への不信感を払拭できておらず、慎重に臨む方針だ。たしかに、どんな実験結果が出れば選択的抽出方法に有効性があると認めるかの基準をはじめ、事前に確認しておくべき事柄は多い。検証実験を実施するにしても、誰もが十分納得できる条件や評価基準を設定するよう望みたい。

ということで、東京高裁での審理は長引くことが確定的になった。高裁がＤＮＡ鑑定以外の争点をどう審理するかにもよるが、決定が出るまでに少なくともあと1年はかかるのでは、と思われた。

もちろん真相の究明は大前提に違いない。しかし、この事件では、逮捕直後の袴田さんと弁護士の接見を警察が盗聴していたことが今回の三者協議と相前後して判明したように、市民感覚からすると明らかにおかしな点が続々と露呈している。それでもお構いなしに裁判は「業界」のペースで続き、時間だけが過ぎていく現実……。

もうすぐ事件発生から49年。その8カ月余り後に袴田さんは傘寿（80歳）を迎える。

7　審理を「迷走」させる裁判所（2015年7月22日）

「袴田事件」の再審を始めるかどうか、東京高裁の審理が前に進まない。傍で取材している立場から見れば「迷走」とも受けとめられる状態だ。しかも、やや危ない迷走である。

死刑判決が確定していた袴田巖さんに、静岡地裁が再審開始を認める決定を出したのは、２０１４年３月のことだった。検察がこの決定を不服として即時抗告したため、審理は東京高裁で続くことになった。

その後の経過は断片的に報道されるだけなので、一般の方々にはなかなか理解しづらいのかもしれない。袴田さんが釈放されたこともあり、街頭で支援活動を取材していると「無罪が決まったんですよね」と声を掛けられることがある。しかし、いまだに再審は始まっておらず、袴田さんの身分は「確定死刑囚」のままだ。東京高裁の審理が最初のヤマ場に差し掛かっていた。その現況を改めて報告したい。

⑴　検証実験の実施を「強く希望」

「少し紛糾しました」。

２０１５年7月10日に開かれた裁判所と検察、袴田さんの弁護団による三者協議。終了後に記者会見した弁護団は控えめに協議の様子を紹介した。しかし、その内容を説明する言葉からは、裁判所との間で厳しいやり取りがあったことがうかがえた。

たとえば、こんな具合だ。

「裁判所はこれまでの議論を抜きに、実験を実施することが決まっているかのような言い方をした」。

「裁判所が思いつきで実験をやりたいと言っているのに等しい状況を危惧する」。

「誰もやったことがない未知の実験。裁判所がやってみたいから実施するというのでは無責任だ」。

ここで実施するかどうかがテーマになっているのは、ＤＮＡ鑑定の一手法である「選択的抽出方法」の検証実験である。

選択的抽出方法は、静岡地裁が実施した「５点の衣類」の血痕のＤＮＡ鑑定で弁護団が推薦した本田克也・筑波大教授が用い、その鑑定結果は地裁の再審開始決定で「新証拠」と認められた。これに対して、検察は東京高裁の審理で「選択的抽出方法は本田氏独自の手法で有効性がなく、鑑定結果は信用できない」と反論し、この方法の有効性を確認するためとして裁判所に求めているのが検証実験なのだ。

これまでの高裁での審理では、検証実験を実施するかどうか、実施するとすればどんな方法を採るのかをめぐって、議論が続いてきた。

弁護団の説明をたどると、東京高裁は選択的抽出方法の検証実験について、当初は「少し気になるので疑問をそこだけ確かめたい」といったニュアンスだったそうだ。やがて「検討する必要がある」に変わり、弁護団との「押し問答」の末、それを退けるかのように「職権的に実施することを強く希望する」となった。それがなぜなのか、外部からは知る由もないが、少なくとも弁護団から見れば「検察寄り」とも取れる訴訟指揮に違いあるまい。

弁護団は一貫して検証実験に強く反対してきた。選択的抽出方法はあくまでＤＮＡ鑑定の効果を高めるために本田氏が使った「補足的な手順」であり、それがなかったとしても結果に変わりはなかったことを強調した。「すでに世界的に受け入れられており、科学的な合理性は十分」「即時抗告審の性格上、（検証実験のように）事実調べをやり直すことは想定されていない」とも主張した。

しかし、高裁の実験実施の意思が固いことがはっきりしてきた２０１５年春以降、弁護団は「絶対反対」の姿勢を転換し、「条件闘争」に移ることを決める。何より「このままでは東京高裁での審理が長期化し、早期の無罪獲得をめざす袴田さんのためにならない」と考えたという。背景には、検察が有利になるような条件で裁判所に検証実験の実施を決められかねない、との危機感があったようだ。

⑵　検察の提案に好意的

そこで弁護団が提案したのは、検察から依頼を受けて独自に実験を行い、「選択的抽出方法では20年前、16年前の血痕からＤＮＡを抽出すること自体が困難だった」との意見書を東京高裁に出した青木康博・名古屋市立大学大学院教授が用いたのと同じ試料で検証実験をすることだった。青木氏とは逆にDNA型を検出できれば「選択的抽出方法が古い血痕のDNAを取り出すことを阻害しない」と確認され、「有効性がない」との検察の主張を否定できると立論した。

一方、検察の提案は、警察庁科学警察研究所（科警研）が保管している10年前の血液に唾液を垂らして試料を作り、選択的抽出方法で血液のDNAを取り出せるかを確かめる内容だった。弁護団は「DNAは時間の経過とともに減っていくので新しい唾液の方がDNAの量は多く、唾液のDNAを検出させるための誘導的実験だ」と強く反対した。

ところが、高裁は検察案をもとにした実験法を提示する。10年前の血液に混ぜる唾液の量を少なくする方式だ。弁護団の提案が古い血液だけを使うやり方だったのに対し、裁判所は古い血液と別の生体試料（唾液、皮脂など）を混ぜることにこだわったという。

これを受けて、検察は新たな方法を持ち出した。DNAの量が古い血液と同じ比率になるように、混ぜる唾液の量を減らして試料（疑似的混合試料）を作るというものだ。検察は2015年6月末に、この方法の正当性を主張する科警研の意見書を提出。本稿の冒頭で紹介した同年7月10日の三者協議では、この意見書をめぐって議論が交わされ、検察の提案に好意的な裁判所に対して、終了後の会見で弁護団の不信感がにじみ出たのだった。

弁護団は、疑似的混合試料による検証実験にも強く反対していた。

そもそも、5点の衣類は50年近くも前に味噌に漬かった状態で発見されており、そこに付いた血痕のDNAの量や劣化の程度は科学的に推定できないし、血液以外の生体試料の付着の有無、時期、種類、量、状態は不明だ。だから「5点の衣類と同等もしくは類似すると評価できるような条件設定はそもそも不可能」と指摘し、「試行錯誤で検証実験を行ったとしても『結果』の評価をめぐってさらに複雑な論争が生じるだけ」と主張している。こちらの方が、説得力があると思う。

弁護団が不信感を募らせるのは、東京高裁が何のために選択的抽出方法の検証実験に前のめりになるのか、その目的が明確にされていなかったからのようだ。

たとえば、静岡地裁の再審開始決定が間違っているとみているからなのか、それとも鑑定手法としての有効性を入念に確認しておくためなのか。それによって、求められる検証実験のやり方や精度は当然変わってくる。目的が分からないまま実験をしても、その結果がどう利用されるのか疑心暗鬼になるばかりだろう。

高裁は早ければ次回8月13日の三者協議で、検証実験の方向を示すとのことだったが、「何をどこまで審理するのか、枠組みを決めてから議論しましょう」という弁護団の言葉に、きちんと耳を傾けるよう求めたい。

8　検察提案に則って裁判所が強行する検証実験（２０１５年10月21日）

裁判所は再審開始決定を取り消そうとしているのではないか、という疑念が強くなるばかりだ。再審無罪を求めているのは、死刑囚。決定が覆されれば、釈放された身柄は拘置所に戻される可能性があり、死刑執行の恐怖とまた向き合わなければならない。あまりに残酷ではないか。

(1)　弁護団抜きの異例の形で

「袴田事件」の再審請求審で、東京高裁（大島隆明裁判長）は２０１５年10月15日、ＤＮＡ鑑定手法の「検証実験」を検察の提案に沿った方法で実施する、と袴田巖さんの弁護団に通告した。弁護団は「極めて不当で遺憾」と強く反発していた。

ＤＮＡ鑑定は、２０１４年3月に再審開始決定を出した静岡地裁が拠り所にした新証拠の1つだ。東京高裁に即時抗告した検察は、本田克也・筑波大教授のＤＮＡ鑑定を崩そうと躍起になっている。標的に据えたのが、鑑定で使った「選択的抽出方法」と呼ばれる手法である。「本田氏独自の手法で有効性はなく、鑑定結果は信用できない」と主張。有効性があるかどうかを検証実験で確かめるよう高裁に求めていた。

それを受け入れたのが、今回の高裁の判断なのである。

その検証実験、弁護団はやり方に重大な問題があると指摘してきた。にもかかわらず、高裁は検察の提案に則った方法を採ろうとする。それだけではない。強硬に反対している弁護団を抜きにして、検察推薦の鑑定人だけで強行しようとしていた。

それは極めて異例の検証実験になりそうだった。

どうしても検証実験が必要だとしても、その結果をもとに再審開始決定を取り消すことは袴田さんの死刑に直結するのだから、慎重の上にも慎重を期して実施しなければならないのは言うまでもない。少なくとも、誰しもが実験結果に納得がいくように、徹底して科学的な方法で取り組まなければならないのは最低限の前提である。

万が一にも、非科学的な実験によって再審開始を撤回するなどということが起きれば、静岡地裁に「証拠を捏造して冤罪を着せた」と批判された事件発生当時の捜査機関と何ら変わらないことになる。人権保障の最後の砦であるべき裁判所が、そんなことをして良いはずがあるまい。

(2) 「誘導的実験」と批判

今回の検証実験のどんなところが問題なのだろうか。

検察は即時抗告審で、5点の衣類には捜査や公判の過程で多くの人たちが接しており、その際に皮脂や汗、唾液などの生体試料が付いたため、地裁での本田氏の鑑定は血液以外のこうしたDNAを検出した、といった論理を展開している。青木康博・名古屋市立大学大学院教授と警察庁科学警察研究所（科警研）に依頼して独自に実験を実施し、「選択的抽出方法には血液由来のDNAを選択的に抽出する効果などない」とする意見書を高裁に提出した。同時に裁判所に求めたのが、第三者の専門家に委嘱しての検証実験だったのだ。

一方の袴田さんの弁護団は、当初、検証実験の実施そのものに反対していた。選択的抽出方法は「世界的に受け入れられており、科学的な合理性は十分」と反論するとともに、地裁の鑑定では効果を高めるための「補足的な手順」として利用しており、使わなくても結果に変わりはないと説明した。

しかし、高裁に実施の意向が強いことから、2015年春以降は「条件付き」での参加を検討してきた。

この段階で弁護団が容認したのは、①20年前の古い血痕だけの試料、②新しい血痕に別人の新しい唾液を混ぜた試料、の2つからそれぞれ選択的抽出方法で血液のDNAだけを取り出せるかどうかを調べる方式だった。唾液との混合試料から血液のＤＮＡだけを抽出でき、古い血痕にも通用すること、つまり5点の衣類の血痕を鑑定するにあたって「原理的」に有効だったと確認できれば十分だと考えたからだ。

ところが検察は、③20年前の古い血痕に別人の新しい唾液を混ぜた試料、でも実験するように求め、裁判所がこれを支持したことから、議論は迷走を始める。

やってみればいい、と思ってしまいがちだが、冷静に考えてみてほしい。

弁護団によると、ＤＮＡは時間の経過とともに減ったり壊れたりする。だから古い血痕と新しい唾液を混ぜれば当然、唾液のＤＮＡが検出されやすくなる。鑑定の際にＤＮＡを増幅していくと唾液の方だけが「倍々ゲーム」で増えていき、ある段階になると古い血液のＤＮＡは全く反応しなくなるそうだ。増幅のスピードの差は「ウサギとカメの競走」にたとえられるほどだという。

弁護団が検察提案の③を「唾液のＤＮＡを検出させるための誘導的実験」と批判するゆえんである。

そもそも5点の衣類の血痕は――死刑判決が認定した通りに袴田さんの犯行着衣だったとすれば――今から49年も前に付いたものだ。しかも、捜査機関の捏造によって後から味噌タンクに入れられたものではないとすれば、血痕が付着した直後から発見されるまで1年2カ月間も味噌に漬かっていた。そのような状況なので、血痕のＤＮＡの量や劣化の程度を科学的に推定することはできないし、他の生体試料の付着の有無やその量、付いた時期などは分かりようがない。

新しい唾液を混ぜて検証実験の試料とすることが、どうやったら科学的に５点の衣類の血痕と類似した状態の試料を作ることにつながると説明できるのか。しかも、５点の衣類の血痕を静岡地裁で鑑定した当時、唾液が付いていた、あるいは、皮脂や汗が混じっていたという証拠はどこにもないのだ。

にもかかわらず古い血痕と新しい唾液を混ぜた試料で検証実験をすることは、再現性という観点からみれば科学的に全く不当なものだと弁護団は主張した。

しかし、検察と裁判所はあきらめなかった。

検察が持ち出してきたのが、古い血痕に混ぜる新しい唾液の量を少なくすることで、５点の衣類の血痕の状態に近い疑似的な試料を作るという方式だった。そして、高裁は今回、この方法で検証実験を実施する意向であるとされた。

この方式を採るにしても、どのくらい唾液の量を減らせば正しい割合になるかとなれば、「科学的に未知の領域」だと弁護団は指摘している。唾液の量を減らして疑似的試料を作ることは「不可能」であり、「実験結果が間違って解釈されかねない」と言い続けてきた。

これに対しても、高裁は「不可能とまでの心証はないので実験をやってみたい」との見解を示し、弁護団に譲歩を求めた。強硬に反対する弁護団に対して10月15日の協議では、最終的に「あなた方が参加しなくても実験をやる」とまで言い切ったそうだ。弁護団が、実験方法の問題点の主張を公式記録に残すため鑑定人尋問をするよう求めたのにも応じず、記録に残らない検討会（カンファレンス）で対応する考えを伝えたという。

これを受けて、弁護団の西嶋勝彦団長は記者会見で、検証実験に「一切協力しない」と明言した。鑑定人の推薦や検討会への参加を拒否する、とした。

前述したように、検察はすでに科警研に依頼して独自の実験を実施し、検証実験の方法と同様に、32年前の血痕に別人の新しい唾液を混ぜた試料から選択的抽出方法で血液のＤＮＡを取り出せるか調べたという。その結果、「血液に由来するＤＮＡ型は一切検出されなかった」と結論づけている。

このため弁護団には、新しい唾液のＤＮＡが検出される可能性の高い検証実験に一部でも参加すれば「検察の実験結果にお墨付きを与える」との危惧があった。また、検証実験の実施に異議を申し立てることはできるものの、裁判長に退けられるとそれ以上に止める手段がない、という事情もあったようだ。

(3) 再審開始決定を取り消す意図か

ところで、高裁はどんな意図を持って、これほど頑なに検証実験を強行しようとしているのだろうか。

刑事部門の元裁判官で東京高裁の裁判長の経験もある木谷明弁護士は、2015年の夏に行った私の取材に「検察の主張をきっぱり退ける」と「再審開始決定をひっくり返す」の両方を並列的に挙げていた。しかし今回、高裁が弁護団抜きでも実験をする姿勢を示したのを受けて「何とかして再審開始決定を取り消したいと考えているとしか思えない」（静岡新聞・10月16日付）とコメントしている。

袴田さんにとって、高裁の審理が予断を許さない状況になっていたのは間違いない。

弁護団によると、高裁は年内にも検察が推薦した鑑定人を呼んで検証実験を委嘱するという。実験に要する期間は3～6カ月程度とみているが、結果の評価をめぐって複雑かつ激しい論争となることは必至で、高裁審理のさらなる長期化が予想された。

2016年6月で事件発生から50年。その前の3月に、袴田さんは80歳になる。釈放されているとはいえ、心配が募る。

それでも、共に暮らす姉の秀子さんは「（逮捕から）もう40何年も待ちました。ここで1年2年は構いません」と淡々と語っている。失われた袴田さんの時間を一刻も早く取り戻すにはどうすれば良いのか。社会全体で考えなければならない。

9　とうとう強行された検証実験（2016年1月27日）

裁判所が何を考えているのか分からない、との戸惑いは、しばしば耳にするところだ。特に刑事裁判で冤罪を主張する被告側にしてみれば、どう対応すべきか手探りになり、判決や決定が出るまでとても不安な状態に置かれるのが実感だろう。そして多くの場合、検察の主張に立つ結論が導かれる。そうした裁判所の姿勢が、司法への不信を増幅する一因なのだけれど。

「袴田事件」の即時抗告審で、東京高裁がＤＮＡ鑑定手法の検証実験を実施すると決めたとの問題点は、前項で詳しく触れた。審理の行方を左右する重要な局面に差しかかっている。静岡地裁の再審開始決定を覆すため――袴田巖さんの死刑判決を維持するため――に検察が求めていた実験であること、しかも、高裁は袴田さんの弁護団の猛反対を押し切ってまで検察の提案に沿う方式を採用しようとしていることだけ見ても、検証実験に対する疑念が募る。冒頭に書いたことにも通じるのだが、高裁が何のために実験をやろうとしているのか不明確なことが、不信に輪をかける。

そして、検証実験の結果によって、万が一にも再審開始決定が取り消されるようなことがあれば、故郷に戻って姉との静かな暮らしを取り戻しつつある袴田さんが再び収監され、自由を奪われるだけでなく、改めて処刑の恐怖と直面させられるのだ。

その検証実験。東京高裁は２０１５年12月に正式に実施を決定した。２０１６年の年明け早々には、検察が推薦した鑑定人の鈴木廣一・大阪医科大教授への委嘱と尋問が行われ、手続が本格的に始まった。

前稿では、２０１５年10月15日に開かれた裁判所と検察、弁護団による三者協議で、高裁が検証実験の実施を口頭で通告したところまで触れた。この後の動きを追う。

(1) 弁護団の異議申立てを即日棄却

東京高裁が検証実験実施の決定を正式に書面で通知したのは、同２０１５年12月7日だった。主文では「別紙の鑑定事項について鑑定を行う」とし、鈴木氏を鑑定人に選任することと、鑑定人尋問の日程を定めた。

「別紙」には鑑定事項として、選択的抽出方法が「血液由来のＤＮＡ型を判定することに有用であるか」と記されている。試料として、①新鮮な血液と別人の新しい唾液を混ぜたもの、②血痕が付着して10年以上が経過したガーゼ、③②のガーゼの血痕に別人の新しい唾液を付けたもの――の3種類を用意し、それぞれ選択的抽出方法で血液のＤＮＡ型を検出できるかどうかを調べる、としている。

袴田さんの弁護団は、③の試料を検証実験に使うことを特に問題視してきた。DNAは時間が経つにつれて数が減ったり壊れたりするためだ。古い血液と新しい唾液を混ぜれば唾液のDNAが検出される可能性が著しく高くなるとして、「誘導的実験だ」と反発してきた。検察は混ぜる唾液の量を少なくする方式を提案し、裁判所も採用する方針を示した。だが、弁護団は「どのくらい唾液の量を減らせば正しい割合になるかは科学的に未知の領域だ」と反論していた。

検証実験の実施決定を受け、弁護団は2015年12月25日、決定を取り消すよう求めて高裁に異議を申し立てた。異議申立書には、③の試料を使う実験の違法性を縷々つづった。

検証実験に対して「5点の衣類に付いた血痕の状態とは完全に異なる架空の条件を設定したもの」「5点の衣類に（唾液などの）新しい生体試料が付着したと想定する根拠は全く存在しない」「世界中の科学者が誰も行ったことのない実験で、正しい判断を下せるわけがない」などと問題点を列挙したうえで、「不必要かつ有害」「審理を遅延させ混乱させる」「（選択的抽出方法を）失敗させるための実験」と激しい言葉で批判を連ねている。

A4判11枚の異議申立書に対し、東京高裁は同じ日に、わずか数時間で決定を下した。棄却である。しかも、決定書には「主文　本件異議申立てを棄却する」とあるだけで、理由は何も記されていない。それが裁判所の「常識」なのかもしれないが、人の命を左右しかねない実験、しかも一方の当事者が強く反対しているのだから、一般の常識から見ると、同じ結論になるにしてもより丁寧な対応が必要だったではないのだろうか。

そして、鑑定人尋問（非公開）は予定通り、年明けの２０１６年1月7日に実施された。

終了後に記者会見した弁護団によると、尋問では弁護団が、鑑定事項にある「有用」の意味や③の試料に混ぜる新しい唾液の量について、確認する質問をしたくらいだった。唾液の混ぜ方では、鑑定人の鈴木氏は「ＤＮＡの濃度を調整しながら試行錯誤してやる」と答えたそうだ。検察は質問をしなかったという。

その後は、高裁が鈴木氏とやり取りしながら、具体的な検証実験の方法を固めていく。そのため、検証実験がいつ始められるのか、また、いつごろ結果が出るかは、その時点ではまだ見通せないとのことだった。

弁護団は検証実験への協力を拒否しているが、２０１５年末の異議申立てと同時に実験に使う血痕や手続などについて意見書を提出している。実験方法については、よほどのことがない限り異議の対象になり得ないとみており、実験から距離を置く形で静観し、「結果や手続に対して意見を述べていく」方針だ。

検証実験には半年近くかかるとみられ、時期として結果が出るのは２０１６年の夏ごろかと思われた。そのうえで、結果の評価をめぐって激しい論争が予想されるため、高裁審理のさらなる長期化が必至の情勢となった。ＤＮＡ鑑定以外の争点や証拠の審理をどう進めていくのか。捜査段階での取調べの様子を録音したテープという新たな証拠も開示されており、高裁はある程度の道筋を示して弁護団に意見を求めるべきだろう。

⑵　袴田さん、市内を歩いて回るのが日課に

さて、最近の袴田さんの様子である。

姉の秀子さんや支援者によると、自宅のある静岡県浜松市内を歩いて回るのが日課になっている。正午前後から出かけ、日が暮れるころまで帰ってこない。本人は「浜松のまちを守っている」と語り、市外への遠出は拒んでいるという。パンや菓子を買って食べたり、時には喫茶店やラーメン店に寄ったりもしているらしい。かつての勤務先まで１人で向かおうとして、往復約10キロ（推定）を歩いて午後10時に帰宅したこともあった。

一時はまっていた将棋を指すことはなくなったが、新聞に目を通すようになった。ここ３カ月ほどは米飯の代わりにカップ麺を食べるので、秀子さんが栄養管理をしている。体調は良いが、長期間の身柄拘束による拘禁反応が原因の「トンチンカンな会話」は相変わらずだ。

「拘置所にいたら『徘徊』もできないから、まあいいやと思っています。精神的な面の回復は２年では無理です」と秀子さん。「１日も早く再審開始になることを願います」と語る一方で、「釈放

まで48年も待ったのだから」と審理に多少の時間がかかることにはこだわらない姿勢も見せている。

鈴木廣一・大阪医科大教授による検証実験は、弁護団の再三の督促を無視するかのように長期化し、最終報告書が提出されたのは委嘱から1年5カ月も経った2017年6月だった。

しかし、報告書の内容は裁判所が求めた鑑定事項にこたえたものとは言い難く、その後の鑑定人尋問などで弁護団から厳しい批判が浴びせられる。

最終報告書の提出を報じた新聞各紙の記事は明らかに誤った内容となっており、その理由をめぐっても鑑定人としての鈴木氏の姿勢が問われる異例の事態となった。

10 DNA鑑定結果「揺るがず」と弁護団～検証実験の最終報告書提出

（2017年7月7日）

(1)「DNAを検出できず」と誤報

2017年6月上旬の新聞記事を見て、裁判の行方を心配した方も多いだろう。「再審決めた鑑定『信用性ない』」（朝日新聞・6月6日付夕刊）といった見出しが各紙に躍っていた。

「袴田事件」で死刑判決が確定した袴田巖さんの再審請求審。東京高裁の審理の焦点になっ

検証実験の最終報告書が提出されたことを受け、本田鑑定の有効性を強調する袴田巖さんの弁護団＝2017年6月29日、東京高裁（撮影／小石勝朗）。

ているＤＮＡ鑑定手法の検証実験で、検察推薦の鈴木廣一・大阪医科大教授が最終報告書を提出したことを伝える記事である。

検証実験の目的は、静岡地裁で弁護団推薦の鑑定人を務めた本田克也・筑波大教授の「選択的抽出方法」が有効かどうかを確認すること。本田氏がこの手法を使って犯行着衣とされてきた「5点の衣類」の血痕を鑑定した結果が新証拠の1つと認められ、再審開始決定の拠り所になった。検察は「本田氏独自の手法で有効性はない」と反論。高裁に検証実験を求め、認められた経緯がある。

同年6月上旬の新聞各紙は、鈴木氏

が最終報告書で『DNAを検出できなかった』と指摘」し、「本田教授の鑑定を否定」（毎日新聞・6月6日付夕刊）といった書きぶりだった。事実なら再審開始決定の有力な支えが崩れることになりかねない。

だが、決してそうではなかった。

鈴木氏は最終報告書で、本田氏が血液細胞を集めるために利用した「抗Hレクチン」試薬がDNAを分解すると主張。その点に依拠して、選択的抽出方法が「結果的には不適切な方法論」と結論づけた。

しかし、検証実験ではDNAの検出量が「極端に減少」「アンバランス」などと分析しているものの、対象とした新しい血痕、20年以上前の古い血痕ともに血液のDNA型自体は検出されていた。その際、鈴木氏は判定の最低ラインを、国際標準に従った本田氏よりも厳しいレベルに設定し、「検出をあえて難しくしている」（弁護団）という。

弁護団でDNA鑑定を担当する笹森学弁護士は、2017年6月29日の記者会見で「本田鑑定を否定できず、その結果は揺るがない、というのが客観的なデータに基づく結論だ」と強調した。鈴木氏の論理に対しては、高裁に提出した意見書で「レクチンを使うべきではないとの信念を証明するために実験を行っているようだが、そのような実験は裁判所に求められたことではないし、その解釈に科学的根拠（実証）もない」と批判した。

⑵　鈴木氏と本田氏を尋問へ

最終報告書の提出を受け、東京高裁は同日開いた検察、弁護団との三者協議で、鈴木氏と本田氏の尋問を9月に実施する方針を示した。弁護団は「尋問は不必要」としているが、高裁は実施方法を詰めていくとした。

検察は同日までに鈴木氏の最終報告書についての意見書を提出していない。本田氏の鑑定データをすべて出させるよう高裁に申し立て、別角度の議論を提起して「審理を引き延ばす姿勢」(弁護団)を見せている。しかし、高裁は「年内に弁護団、検察双方が最終意見書を提出する」との日程も示唆したといい、2017年度中にも再審開始の可否を判断する可能性が出てきていた。

それにしても、なぜ各紙そろって「誤報」になったのか。

弁護団によると、6月6日夕刊の記事が報じられた段階で、最終報告書は弁護団にはもちろん、裁判所にも届いていなかった。このため、「鈴木氏周辺が情報源ではないか」と推測しており、本田鑑定を貶めるための「印象操作だった」との見方も出ている。

そうであっても、死刑をめぐる裁判で、おそらくは報告書の中身も確認しないまま、一方の当事者の話だけを鵜呑みにして記事にしたマスコミの責任は極めて重い。

弁護団の小川秀世事務局長は6月29日の記者会見で「重大な事案でいい加減な報道はしないでほしい」と語気を強めた。袴田さんが死刑判決を受けた背景には「異常な犯人視報道があった」と指摘されていることを忘れてはならない。

弁護団が高裁へ提出した意見書では、前述した内容のほかに、鈴木氏の報告書に対して「本田鑑定の手法を再現しようとしておらず、独自の研究を実施しており、検証実験とは言えない」と非難し、「鈴木鑑定が示すことは、古い血痕を含めて（細胞）選択的抽出方法を用いてもＤＮＡ型が検出されたという動かしがたい事実である」と断じている。

一方の検察は鈴木氏の報告書を踏まえ、本田氏の選択的抽出方法について「抗Ｈレクチン試薬にＤＮＡ分解成分が含まれていることなどから、通常の抽出法と比べ、ＤＮＡを抽出する能力が著しく劣るものであることが明らかになった」とする意見書を高裁へ提出した。

さらに「報告書の内容は、本田鑑定の結果の正確性に疑問を抱かせるに十分なものであり、本田鑑定で検出されたＤＮＡ型が血液に由来するものではないことを裏づけている」と指摘。「本田鑑定を『無罪を言い渡すべき明らかな証拠』に該当すると認定した静岡地裁の決定が誤りであることを明らかにするもの」と主張している。

「誤報」の問題をめぐっては、弁護団が各紙に抗議した結果、朝日新聞は訂正記事を掲載したが、毎日新聞や読売新聞は何の対応も見せていない。

11 「検証実験に力なし」～DNA鑑定で尋問（2017年10月13日）

袴田巖さんの再審請求審で、DNA鑑定の手法をめぐる2人の法医学者の尋問が2017年9月26、27の両日、東京高裁で行われた。

非公開の尋問を受けたのは、静岡地裁の再審開始決定の拠り所となるDNA鑑定をした本田克也・筑波大教授（袴田さん弁護団推薦）と、高裁の委嘱でその鑑定手法の検証実験にあたった鈴木廣一・大阪医科大教授（検察推薦）。本田氏の選択的抽出方法（細胞選択的DNA抽出法）に対し、鈴木氏は「結果的には不適切な方法論」とする最終報告書を提出している。

弁護団によると、事前のDNA鑑定にはDNA抽出に素人の弁護士と大学生が選択的抽出方法を実践。約8時間かけてDNA型の検出に成功する様子を撮影した映像を法廷で流しながら、本田氏が原理や具体的なやり方を裁判官に説明した。

鈴木氏に対しては、弁護団が検証実験の器具や手順が本田氏と違っていることを指摘し、本田氏の手法の追試には当たらないことを強調した。笹森学弁護士は尋問後、「鈴木氏から手ごたえある論理の説明はなく、もはや検証実験に本田鑑定を否定する力は残っていない」と力を込めた。

一方、検察は鈴木氏の検証実験を受けて「本田鑑定の結果の正確性に疑問を抱かせるには十分なもの」との意見書を高裁へ提出しており、尋問では本田氏に厳しい質問を繰り返して、その手法の有効性への評価を下げようと試みた。しかし、裁判官から「何を聞きたいのか理解できない」「質問の趣旨が分かりにくい」といった注意をたびたび受けたという。

高裁は11月に検察、弁護団との三者協議を開いて、今後の審理の進め方を話し合うとした。弁護団は結審するよう求める方針で、審理は大詰めを迎えている。

第5部
支える――袴田巖さんへの共感の輪

「袴田事件」をめぐっては、冤罪を訴える袴田巖さんに対して、また、姉の秀子さんに対して、さまざまな「支援」が寄せられてきた。

その主体である個人や団体が同時に、多彩な手法で社会へ発信することで、共感の輪はじわりと広がっていき、再審開始決定が違和感なく受け入れられる素地を作った。世論の動向を、司法も無視できなくなっているのではないだろうか。東京高裁が袴田さんの釈放までは取り消せなかったことに、それは端的に表れている。

これまでの動きを振り返る。

1 「無罪を主張した」／元裁判官の告白

再審請求審の過程での大きなトピックの1つが、一審・静岡地裁の死刑判決（1968年）を起案した元裁判官、熊本典道さんの「告白」だろう。自分が袴田巖さんを無罪にすべきだと主張したことを認めたうえで、裁判官3人の合議の結果、2対1で有罪（死刑）に決まったという内幕を明らかにした。2007年2月のことだ。

その時点で他の2人の裁判官はすでに亡く、証言のウラを取る術はない。しかし、熊本さんがこの合議体に左陪席の裁判官として属していたことは事実であり、年月の経過による細部の記憶違いはやむを得ないとして、大筋の信憑性は高いと言えるだろう。

評議の秘密を明かしたことに対し裁判所法違反との批判も浴びたが、長く冤罪が疑われていた事件だけに、その告白に多大の公益性があったことは間違いない。ちなみに、裁判官が評議の秘密を明かしても法律上の罰則はなく、とくに退職後は、守秘義務の規定がないうえ罷免や懲戒処分の対象となることもない。

2007年当時、新聞記者として静岡に勤務していた私は、熊本さんから連絡を受けた袴田さんの支援者に声をかけてもらい、熊本さんが暮らしていた福岡市へ同行して最初の取材のコンタクトを取る機会を得た。そもそも目の前にいる人物が本当に熊本さんなのかも確証がない段階で、会話は手探りだったことを思い出す。

いま、熊本さんは80歳。２０１８年1月には、判決言渡し以来、約50年ぶりに袴田さんとの対面を果たした。告白してからの念願だった。しかし、入院生活を余儀なくされており、まとまった話をするのは難しいようだ。

静岡地裁の裁判官だった当時30歳の熊本さんは、どんな状況に置かれ、何を考え、どういう経緯で死刑判決を書いたのか。この機会に改めて最初の取材の抄録を残しておきたい。

熊本典道さんインタビュー（２００7年2月25日、福岡市東区にて）

――裁判官の合議の様子は？

日本の裁判所の合議はだいたいそうらしいけど、真面目な、真剣な会議をやってから、まとまらない時は多数決になる。でも、そういうことは非常に少ないですね。なんとなく時間が経てば、どちらかの結論になるんだけど。

――袴田さんに対して無罪の心証を持っていたのか。

正確に言うと、5点（の衣類）が出る前から。逆に言うと、その前から結論を出していた。

まず、自白ゼロ。（袴田さんの）自白は証拠として取るべきじゃない。自白調書は取るべきじゃない。それなのに（判決で）1通を証拠に採用したのは、はっきり言うと「取引」の結果です。自白を除くと、ないんですよ、証拠が。あとから5点が出てきた。それもつっかい棒になっているかもしれない、ほかの2人の裁判官は。

――「自白に任意性がない」というのはどういう判断だったのか。

（1日の取調べが最長で）16時間か17時間よね。あれで本当の自白ができる？　自白をしたから自白調書を調べてください、という申請があったんですよ。その時点でおかしいとぼくは思った。そうすると、自白が信用できない疑いが非常に強い。任意性が信用性につながるんじゃないか。

（検察が）自白調書（の証拠採用）を請求しますよね。その時に任意性があるかどうかを審査するんですけど、どういう調べをしたのかということが問題になるんですよ。その段階では、刑事訴訟法の学者の意見として2つ。（1つは）内容を見てもいい。（もう1つは）ぼくなんかは内容を見る前にどういう状況で調べたのか、それをまず調べる。当時は、自白調書の任意性に非常に厳しかった。内容を見る前に任意性があるかどうかを決めろ、というわけです。見てしまったら引きずられる。

この事件と離れて、しょっ引いて来て朝から晩までぶん殴る、蹴る、水をぶっかける。それ

「合議で無罪を主張した」と告白した静岡地裁の元裁判官、熊本典道さん＝2007年2月25日、福岡市東区（撮影／小石勝朗）。

で「ああやりました」という自白が信用できるか、ということになりはしませんか。（この事件の）控訴審のある裁判官が「熊本さん、一言ね、判決の中で殴ったり蹴ったりしたということを書いていてくれればね」と言っていました。

――黙秘権の告知について問題にしています。

黙秘権を告げる時に、「きみ、黙秘権があるけどね、言いたくなければ言わんでもいいんだぞ」という言い方が、それだけだと威圧的なんですよ。5、6秒経って「ふーん」とか言ってごらんなさい。密室で、後ろに1人立っているんですよ、警察官が。立会人が後ろについているんです。前と後ろで挟んでいる。被告人は、立会人が警察官だということを知っています。時々、さっきまで調べていた人が、今度は立会人になって交代するんだ、攻める人と。それでも任意性を担保ですか。

現実、1日に10時間以上、調べたということが、どのくらい圧力になるか。ぼく自身がカッカきてました。

――袴田さんの最初の印象は？

ぼくは裁判の途中では、証人も被告人も全部、メモをとらないで表情、顔、反応を見ているんです。最初にぼくが法廷に入った第2回目の公判の時に、もう1回起訴状を読んでもらって被告人の意見を聞いたら、ブスッとして「ぼくやってません」、それ以外、何も言わなかった。「これは」と思った。普通は「やってません」プラス「これこれこれこれ」と言うんです。にもかかわらず、弁解しようとしない。それでぼくは、法廷が終わって扉が閉まってから、裁判長に「これはぼくたち3人の方が裁かれているんですね」と言った。そういう印象を最初に持ったんです。

最初にぼく自身が、やってないんじゃないかという疑いを持ったのが、悪いと言われれば悪いかもしれない。だけど、人間が人間を裁くんだから、しょうがないですよ。

刑事裁判では、先に全体的、総合的な判断をだいたいしているんです。あとで結びつけて「だから有罪」と。どの段階からかを区別できる人はいないと思う。逆に今度は（有罪の意見だった）右陪席の裁判官の立場に立ってみると、５点が出てきた時に「ほら見ろ」という心証になったんだと思うんですよ。

――熊本さんが「ほら見ろ」にならなかったのは、なぜ？

すでに無罪だと思っているから。裁判長が一番つらかったと思う。裁判長は最後まで迷っていた。それで最後に「あれがあるからな」。裁判長の心境をぼくなりに善意に解釈すると、「せっかくね、あれだけの調書をつくっているからな」「熊本君、ああ言うけどね、きみ、何も知らないくせに」ということで行ったり来たりしていたと思います。

――検察官の調書１通のみを証拠に採用しました。

その法律論は、ぼくなりに書いた屁理屈。例を挙げれば、同じ日にぼくがこっちを痛めつけて白状させて、実は昼から別の人が調べた。検事と警察官でしょ、断ち切るのはつらいですよ。断ち切ったのは、たった１つ、検事と警察官の違い、それだけ。まさしく屁理屈。午前中は警察に調べられたんですよ。午後から検事だと言って「言いたいことを言っていいんだよ、話を聴いてやるから」と調べて、関係ないと言えますか。同じ目的なのに。

――起訴後の検事の調書は全部、証拠から外しています。

起訴されると、被疑者じゃなくて反対当事者だということが１つ。反対当事者ですから、向こう（被告）が申し出て「検事さん、話を聴いてくれ」と言ってきた以外は、「調べるから出てこい」と言ってはいけないというのは、学説でだいたい反対はないと思いますよ。

——本当はその1通も排除したいんですね。

そうです。

——採用したのが検察官の調書だった理由は？

同族意識というかな。検事はへんなことをしないだろうということで、暗黙の了解です。ただし、検事が長時間、調べていたら、調書に任意性がないということもあると思います。だけど、確か起訴の日に、ぎりぎりに、しかもぼくの印象では、それまで警察が調べた結果の上っ面だけなでた調書だったから、問題にならなかったのだと思います。

——1通だけ調書を排除できなかったというのは？

妥協の産物。単純にぼく自身が2人（の裁判官）を説得できなかったから。圧力は何もない。

——法廷での対応は？

裁判官は、無罪だと思っていて質問して、証人から反対の証拠やとんでもない発言が出た時にどうしようか、と考えるんです。質問をして逆転サヨナラホームランみたいなのが出てきたら、えらいことです。そう思うから、そういう質問をしてはならないという人と、それでも平気で「だから有罪になっちゃった」という人と、2つに分かれるんです。

——熊本さんは？

ぼくは、とんでもない質問をして出たら困るなと思っていた。それがいけないかどうか。刑事裁判の根本になるんですが、日本の刑事訴訟法の中で、刑事裁判は真実を発見する場所ですか。検事が言ってきたとおり有罪かどうかを、証拠があるかないかだけで見れば、刑事裁判官はいいんじゃないか。これがぼくの基本的な立場です。

検察官が国の機関として犯罪を摘発し、検察官は「何月何日、こういうことをやった」と起訴する。刑事裁判というのは、本当に何月何日、こういうことをしたのかどうかをイエスかノーかで答えればいい。「いや、あいつはほかにもいっぱいこんなことをやってますよ」なんて話は関係ない。9割（の立証）で（有罪とするのに）合理的な疑いがないと思う奴と、9・5割でも疑いがあるよと言う奴と、分かれる。

――袴田事件では？

出発点に戻るんです。第2回公判から最後まで、彼は積極的に反論しない。しないから有罪、じゃない。しないから「おかしい、あいつやってないな」と思う人と、反論しないから「やったな」と思う人と、2つに分かれる。刑事裁判は。

――自白を離れて、証拠から見ると？

自白を全部のけて、証拠と袴田さんは結びつかなかったね。たとえば、犯罪の動機の部分。量刑の理由と動機と、つながります？　あんなひどい事件にしては、動機が、最後の死刑を選択する理由と結びつかないけどね、今でも。あんなひどいことを書けないですよ、死刑にするために。（注：検察は「家族で一緒に住むアパートを借りるための金銭をとる目的だった」と主張し、判決も認めた）

――判決文を起案したのは熊本さんですか。

もちろん。はっきり言うと、ふてくされて書いた。「任せてくれ」と。ぼくの立場としては、天下の熊本が書いた判決が、へんな文章で二審で破られたら困るわけ。だけど、内側では破ってほしいわけ。心の中では2つあるんです。死刑を合理化するためにどういう文章が書けるかということです。内容はそれなりにちゃんと通っていないといけない。

――内心は？

ぼくの記憶では、（袴田さんは事件が起きた）こがね味噌に就職する時に（被害者の）専務に紹介してもらって、「うちに来ないか」という形で勤めたと思っていました。そういう関係で会社に入って来たら、今の時代はともかく、あの時代はまだ義理人情がちゃんとあったはずだから、それであんな殺し方をするかな。それで30カ所前後（注：実際は計40カ所以上の刺し傷）。専務のおかげで会社に入ったけど、ぼくは続かないということでトラブルを起こすのならまだしも、揚げ句の果てに大げんかになって殺して火をつけた、なんてね。突然そんな、というのは思いつかなかったね。

――判決には、殺害の具体的な状況などについて「裏づける証拠がないので、それだけで自白通りの事実を認めるには躊躇せざるを得ない」とのくだりもあります。

ざっくばらんに言うとね、あとからつけた理由ですよ。（最初の無罪判決の起案書は）360ページくらい、それを全部書き直した、1カ月半で。とにかく、表面上、文章が整然としていること。その次に、まあ誰が見ても無罪だよと。当然、破られたら困るなと、それがこっちにある。でも、誰か気づいて分かってくれよというのが、行ったり来たり行ったり来たり。その文章だから。それで、ぼくよりはるかに頭のいい人たちが、気がついて結論で破ってくれないかという。だけど、形の上でデタラメな文章と言われたくはない。だから、良心の自由ってものにつながるんですよ。こんなことまでして判決を書かなくちゃいけないのかという。

――判決の論理のここがおかしいというところは？

まず動機。それから、1人で30何カ所も刺せる？　30何回ね、一突き何秒かかって、2回目何秒かかって、3回目何秒かかってってやれる？　理由つけられる？　だから、それ全部、おかしいと言わざるを得ないでしょ。殺し方だけでさえも、疑いを持たざるを得ないということ。1人でできるかな。父親の専務が一番力が強いと言ったって、ほかに3人いるわけでしょ。ほかに2人か3人騒げば、ばれる可能性もある。それに1人か2人、たとえば本能的にお父さんにしがみついたりさ。そういう形跡はないよ。

——そういうことは合議の中で議論にはならなかったのか。

裁判長とは、かなり激論しました。殺し方はどうだったとか、被害者と近くにいた人との関係とか、加害者が1人だとしたら抱きついて止めに入ったのか、とかね。しかも、（凶器は）このくらいの小刀です（注：刃長12・1センチ）。一突きでギュッという致命傷がほとんどないんですよ。そうすると刺した後、ぐうっとやっているうちに「お父さん、どうした」とかね、そうなってもおかしくないんじゃないかというのが、ぼくの意見です。

——それに対して裁判長は？

それは、ちょっと覚えていない。でも、ぼくがもし裁判所に呼ばれたら、たった一言、「あんた方は、被告人を見たことがあるのか」と言います。刑事裁判の基本ですよ。ぼくは、（袴田さんの）顔つき、表情、全部覚えている、今でも。ある人が「君は絵がうまかったらね」というくらい覚えている。

——5点の衣類があまり印象に残っていないというのは？

そういう観点から言うと、公判検事がぼくに対して「予断をもっている」と言っていた。確かに、ある段階からぼくは「これは無罪だ」と思っていたのだけど。（5点の衣類は）今になって見れば、（有罪・無罪の）どっちにでも評価できる証拠。捏造とまで言いたくないけど。

——5点の衣類を当時はどう思ったのか。

何かあったな、とは思いました。普通じゃないな。もっと言えば、誰か第三者がやるにしては手が込んでいる、やり方がね。被告人以外の誰かが工夫したのかな、というくらいは思いましたよ。

――冒頭陳述の変更については内部で何か話をしたか。

それほど。ぼくが無罪の予断を抱きすぎていて、右陪席は彼なりに、しようがないなと。それで裁判長だけが、あのとき多分、有罪に傾く心証になったと思う。冒陳とか訴因をいかに変えようが、こっちの知ったことじゃないですよ。やるなら、それに見合う証拠が出るか出ないかを見ないと。「じゃあやってみろ」という感じで、だったら証拠を立証してみろというだけですよ、裁判官は。

――判決文はどういうタイミングで書いたのか。

判決は、1968年9月11日だよね。6月20日から25日くらいの間に書き始めたの、無罪の判決文。そして暑い盛りに、借りていた沼津の弁護士宅の2階で、誰も上がって来させないで書き換えたんです。8月を使ったのは間違いない。

――無罪判決は合議に出したのか。

ほかの裁判官もそうだと思うんだけど、合議する時は文章に基づいて合議するんじゃないんですよ。有罪か無罪かを合議する。

――無罪判決の構成は?

ぼくの記憶では、「付言」が最初にあって、それで理由になっていた。こんなに苦しい判決理由を書いたのかと、(有罪の)この判決文を見てびっくりした。我ながらよく、いんちきな判決を書いた、正直言って。本当なら「全証拠をもってしても有罪と認定するには合理的な疑いが残る」という簡単でいいんですよ、刑事訴訟法の建前から言って。(注:判決には「付言」があり、自白を得るための長時間の取調べや公判途中での犯行着衣の変更を挙げて、「本件捜査のあり方は、『実体真実の発見』という見地からはむろん、『適正手続の保障』という見地からも、厳しく批判され、反省されなければならない」と異例の言及をしている)

日本の裁判が無罪を出すのに勇気がいるのは、細かく無罪の理由を書けというむちゃなことを言うから。それに従って「じゃあお前が無罪を出せ」と言われれば、たとえば「犯罪の形態が単独犯とは思えない」とか、いくつか理由を書けば良かったとは思うけれども。

――ここはやっぱりおかしいな、という点は?

動機と犯罪の形態ね。単独犯かどうか。それから(袴田さんの)お母さんのところにあった(ズボンの)端切れかなんか。1つか2つ挙げると、その点。端切れは、おかしいと思ったよ。でっち上げとは言わんけど、なんで今ごろ、と。

――警察がでっち上げることは可能ですよね。

結論が有罪と決まって書かなきゃいけないのに、これもおかしい、これもおかしい、これもおかしいでは……。ただ、その中で「100%おかしい」というのはなかったことは間違いない。これは難しいよ、本当に。有罪の理由はなんだって言われても難しいし、40年経ってね、いま無罪のポイントって言われても、ちょっと難しい。

——無罪判決を書こうとする時に、5点の衣類は大きなポイントになるのかなと。

まず、ぼくの無罪（判決）は、自白が使えない、5点の衣類で袴田君と結びつけるのに、確たる証拠、決定的な証拠がない、ということしかない。それは有罪でも同じ論法だけど、80か90か、ぼくは95（%）という割り切り方です。一審で95なきゃ有罪にできないとしても、二審、三審があるじゃないか。ほかの人にもう1回聞いてみよう、その道が残っている。

——無罪の理由としては?

外形的に言えば、犯罪の形態が単独犯じゃなかろうということが、なんとか格好つける無罪の理由かな。一審では、ほとんど争っていない。（弁護人も）そんな主張はしていない。じゃあ、おまえが手を抜いたかと言われると、そういう意味では、はっきり言って手を抜いている。頭から無罪だとあるし。逆に言えば、弁護人がそういう主張をしてくれていれば、もっと論点ははっきりしていたと思う。

——「有罪」ということで、書き直せというのはどういう経緯からか。

結論が変わったからですよ。合議の結果、有罪だと。じゃあ誰が判決書くのと。そしたら右陪席が「それは主任が書くべきでしょう」と。「ちょっと待って、ぼくは知りません。勝手に書いてください」。そしたら「いや、規則はそうなっている」。そんなむちゃな、心にもない手紙を書けますか。ラブレターで、心にもないことを手紙に書けますか。

――有罪を決める時には、だいぶ議論があったのか？

裁判所がいかにいい加減かというお話をすると、審理が始まる時に、主任が誰かが決まる。そうすると主任じゃない右陪席か左陪席は「一抜けた。ああ助かった」と思う。どの事件でもそう。ほかにいっぱい仕事を持っているから。これはね、誰も否定しないと思います。審理の進行も、我関せず。今もそうだと思いますよ。

――合議は何回も3人でするのか？

（裁判官室の図を書きながら）机がありまして、これが窓、それでここに女性職員、ここにドアがあって、これが裁判長ですよ。どこの裁判所でもそうです。昼ご飯でも3人で寄って食べるかどうか、別々に食べに行くかどうかも、全然決まっていない。裁判長の人柄、趣味が同じ人、そういう過程で、ふと、「あの事件のこと、これはこうなんじゃないか」ということの積み重ねもあるし、ただ1回だけ3人で集まって議論することもある。それがいつどこでどういう風にやったかっていうのは、ほんとに分からない。

――2対1だったことは？

結論はそうです。

――「私は無罪だと思う」と合議の場ではっきり言ったか。

言いました。判決書の中で自白を排除することについて確認する時までは、ぼくは裁判長が「無罪のはずだ」と思っていた。それがなんで有罪かって、判決後に考えてみれば、報道、新聞報道。あれは（1966年の）6月末くらいから8月の終わりごろか。あのくらいの朝日、毎日、読売、静岡。あれ読めば真面目な人だったら引っかかりますよ。そこが70、80、95ということにつながるんです。

――こういうことだから無罪とすべきだという理由は？

さっきお話したように、第1にとても単独犯じゃありません。合議で言いましたよ、いくつか。裏木戸！　そうだ。たしか、入れるかどうか、違います？　思い出せと言われると、議論はしました。単独犯かどうか、それから裏木戸。（注：袴田さんが犯行後に3回通ったとされた被害者宅の裏木戸は、上下2つの留め金のうち上側がかかったままで、戸の下側をめくり上げて隙間を通れるかどうかが争点になったが、判決は袴田さんの逃走口と認定した）

――判決言渡しの日程はどうやって決まったのか。

ぼくは翌年の3月の定期異動で辞めるつもりだったんです。そうすると、できるだけ早く審理を終わって、判決を言い渡す。その前後に（静岡県内で）金嬉老の事件が起きました、その年ね（注：発生は1968年2月、初公判は同年6月）。裁判長には、まだ辞めると言っていなかったから、「熊本さん、多分やるんだろうな」と思っていたらしいんです。これも長くかかるだろうなと。そうすると、12月いっぱいか一番遅くて1月いっぱいか、「来年辞めますから」とか「転勤の希望があるんです」とか。それからさかのぼって、ぼくなりに早くやって、金嬉老の担当になったらえらいことだと思ったから。そこから判決言渡しの日程はぼくが決めたんだろう。

――量刑はすんなり決まったのか。

放火で殺人、しかも4人。有罪＝死刑でした。だから抵抗したんですよ。

――内部の犯行なのか、全然違うのか。

単独犯じゃないとしたら、よそから入るしかないですよ。5点の衣類を着替えて、またパジャマを着て、それも不自然だと思った。だから、判決文、「ごめんなさい」って言うしかない。ぼくの気持ちとしては、この判決文でぼくの気持ちが分からんか、誰か分かってほしい、と。

――判決文の何がおかしくて、それをどう読んでほしいと？

だって支離滅裂だもの、判決理由。具体的に「ここところを無理してこうつなげたというところまで言え」と言われると困るけど。もっと言えば、実はこれだけ詳しく判決理由を書いた意識がなかったんです。今回、判決文を送ってもらって、ものすごく自分なりに苦労したんだろうな、いまゾッとするくらい、と思った。それがまさか、再審までいくとは想像しなかった。

――「付言」については熊本さんがぜひ入れようということで入れることになったのか。

入れようと言ったのは、ぼくのお願い。右陪席は多分、判決言渡しが終わってから知った。

――裁判長は判決言渡しの後、法廷で「捜査方法は法の精神にもとり、憲法38条違反の疑いもあり、無法者どうしの争いとして大いに批判され反省されるべきだ」と述べました。

あれ、付言に書いてないよね。だから、裁判長はぼくの気持ちを酌んだのかな、と思いましたけどね。結論は押し切ったけれど、裁判長自身も良心があったと思う。だけど、最後はやっぱり自白調書を読んで、報道があって、それで踏ん切れなかったんじゃないのかなあ。それはあくまでもぼくの推測。２人とも、もう死んでいるから、こうだとまでは言い切れない。

――付言の部分は自分で書いたのか。

ぼくの原文通り。原文通りこれを入れてくれませんかって。前に入れるか後に入れるか、それは真ん中に入れろって。前のほうに入ったのは、裁判長の配慮ですよ。裁判長が、有罪かどうかで悩んでいたことは間違いない。

「無法者」って、ぼくも（法廷では）全然聞いてないから。判決言渡しの直後にね、裁判長が結論を読んだ時に、袴田君のガクッと肩を落とした表情は忘れられないね。それで、もう聞いていられなかった。

――改めて今、判決から40年経って発言なり行動なりをする理由は？

第1は、今年、満70歳になる。ぼくと同期の最高裁判事が定年で辞めた。別の最高裁判事も来年定年になる。みんな去っていく。同世代の法律家が残っていた方が、少しは当時の事情を分かるだろうということ。それから、自分自身が十何回か、死に損なっているんですよ。自殺未遂。死んでもおかしくないやり方です。そういう気持ちがあって、一生重荷を背負ったまま死ぬのか、と考えた。

袴田君の顔は今でも、太っているかやせているかくらいまで分かっています。ほとんど思い出さない日はないですよ。判決後、最初の頃はしょっちゅう思い出していた。そういういくつかの理由で、死ぬ前に一度言っておこうと決めました。

――これからどういう行動を？

自分なりに上申書の原稿を作ってみようと思う。第1に、むちゃくちゃな捜査だったこと。それから、一審中心主義と言いながら十分な弁護活動がされていないこと。仮に有罪だとしても、判決から40年近く経ち、刑に服したのと同じだということ。世界の趨勢は死刑廃止にあることも、書きたい。

彼の身柄が解放されない限り、ぼくは救われない。解放されても、彼の一生をつぶしたことになると思っています。

2　ボクシング界と袴田事件

袴田巖さんの支援団体の中で最も大きな影響力を発揮してきたのは、日本プロボクシング協会だろう。現役を含む幾人もの世界チャンピオン経験者が、リングで、街頭で、先頭に立って「再審無罪」をアピール。訴えは、ボクシングファンを中心に裁判や冤罪に関心のなかった層にも浸透し、支援の裾野を広げてきた。

その動きは1990年代初めに始まり、第1次再審請求が静岡地裁に退けられた1994年を境にいったん沈静化する。しかし、元東洋太平洋チャンピオンの新田渉世さん（現・協会事務局長）が声を上げたのをきっかけに、2006年から再び大きなうねりとなった。10年以上が経った現在に至るまで、熱意にいささかのかげりもない。

ボクシング関係者による数々の活動を取材させてもらったが、ここでは、日本プロボクシング協会に袴田巖支援委員会が発足して間もない2007年の記事と、第2次再審請求の東京高裁決定を前にした2018年の記事を紹介する。

で、印象に残っている方がいるかもしれない。

「2つの拳だけを信じて戦ってきたボクサーが、刃物で人を傷つけるはずがない」。

「四角いリングで戦ったボクサーとしての誇りがある」。

袴田巖さんは以前、ボクサー仲間にこんな手紙を寄せたという。

先輩ボクサーの「誇り」を取り戻したい——。ボクシングジムの若手会長、新田渉世さんの思いが東日本ボクシング協会を動かし、その後、日本プロボクシング協会に支援委員会が発足した。会長選挙によるゴタゴタも乗り越え、支援活動は継続している。

2006年6月以来、輪島功一、大橋秀行、ファイティング原田ら大勢の元世界王者がリングに上がって観客に支援を呼びかけたり、最高裁に再審開始の要請書を出したりしてきた。

2007年9月の呼びかけには、タイトルマッチを間近に控えた内藤大助の姿もあった。

それに呼応して、一時は途絶えていた「袴田事件」をめぐる報道も随分と増えてきた。元裁判官の告白には、こうした動きに触発された面が多分にあった。

何より、東京拘置所にいる袴田さんがこの間、3年8カ月ぶりで面会に応じた。その後もコンスタントに姉や新田さんらに会い、ボクシングの話に興味を示しているという。一時は拘禁

⑴　支援委員会が発足（2007年11月5日）

一審の裁判官だった熊本典道さんが今年になって「無罪の心証を持っていた」と告白したの

反応が心配されたが、最近面会した人は「返答は多少飛ぶけれど、会話を半分以上は理解している。外の人と会って話すことで回復していくはずだ」と印象を語る。

犯行時に着ていたというズボンは、袴田さんには小さくてはけない。刃長12センチの小刀だけで、4人を殺害できるのか。最近の鹿児島や富山の冤罪事件でもそうだが（ましてや40年前である）、相当に強引な取調べで「自白」を取られている。

理不尽なことや被告の人権に目をつぶって、裁判所は死刑を確定させてしまった。疑問がたくさん残っている以上、それらを解明するために再審を始めるのは当然のことだろう。

さて、ボクシング界。

２００８年1月には東京・後楽園ホールで、袴田さんの支援大会を開催した。現・元世界王者のスパーリングやトークショーを中心に、袴田さんと同時期にアメリカで殺人事件の冤罪被害に遭った元ボクサー、ルービン・ハリケーン・カーターのメッセージ披露や、袴田さんへの名誉ボクサーライセンス贈呈など、多彩なメニューで盛り上げた。

袴田さんの弁護団が、再審請求を審理している最高裁へ最終意見書を出すタイミングと重なり、世論の喚起に重要な役割を持つ大会になった。

(2) 特別抗告の断念求めキャンペーン（2018年5月3日）

「検察はタオルを投げろ！」

刺激的なタイトルのインターネット署名キャンペーンを2018年4月から始めたのは、日本プロボクシング協会だ。「無実の死刑囚」と呼ばれる元プロボクサー袴田巖さんに対する支援活動の一環である。

袴田さんの弁護団は「高裁でも再審開始が認められるのは確実」と楽観的だが、問題は、その場合に検察が最高裁へ不服申立て（特別抗告）をする可能性が高いこと。高齢にもかかわらず審理はさらに長期化し、再審開始—無罪判決による袴田さんの名誉回復はいつまでも実現しないままになりかねない。拘置所から釈放されているとはいえ身分はいまだ「確定死刑囚」で、選挙権もないのだ。

そこでボクシング協会の袴田巖支援委員会は、東京高裁で再審開始が認められれば検察はその決定に従うよう、世論へのアピールに乗り出した。インターネットに専用サイトを設け、誰でも賛同の署名ができる。高裁の決定が出た段階で上川陽子法相に提出し、特別抗告の断念を検事総長に指揮するよう求めるという。

支援委の委員長を務める新田渉世・協会事務局長（元東洋太平洋チャンピオン）は「裁判所の判断がいつ示されるか見通しのつかない中で、広く長く続けられるアクションを模索しました。

高裁決定の翌日、法相宛てに1万7312筆の署名を提出する日本プロボクシング協会のメンバーと袴田秀子さん。「袴田巖さんを支援する署名」と位置づけ、再収監しないよう要請した＝2018年6月12日、東京・霞が関（撮影／小石勝朗）。

ボクシングの試合放棄になぞらえたキャンペーンのタイトルに、私たちの決意を見取ってほしい」と話す。

キャンペーンにあたって、元世界チャンピオンの長谷川穂積はこんなコメントを寄せた。

「冤罪がなくなり、ひとりでも多くの方が報われることを願っています。正しい者は最後に勝つと信じています」。

支援委は、さらに現・元世界王者ら著名なボクシング関係者にメッセージを出してもらい、ＳＮＳを通じた発信を強める構えだ。

ボクシング界は、２００６年に東日本ボクシング協会が袴田巖再審支援委員会を設置。翌年には日本プロボクシング協会に支援委が発足し、以来、袴田さんの支援運動の中核を担ってきた。

東京・後楽園ホールで大がかりなチャリティーイベントを開いたり、最高裁や法務省へ要請書を提出したり、ピンバッジを弁護団に贈ったり、メッセージ動画を制作したりと、多彩な活動を展開している。輪島功一、大橋秀行の元世界チャンピオンを中心に、内藤大助、井上尚弥、内山高志、山中慎介ら、その時々の現役世界王者も参加。2018年1月には雪の中、京口紘人ら約60人が東京高裁前に集結してアピール行動を敢行した。

当初は協会内に「お上に盾突くのはどうか」という意見もあり、一筋縄ではいかなかったそうだ。

「袴田さんが嫌疑をかけられたきっかけが、『ボクサー崩れ』という言葉に象徴されるボクサーへの偏見だったことが知られるにつれ、賛同の輪が広がっていきました。日本フェザー級6位まで上がり、1960年に年間19試合の最多試合記録を持つ先輩ボクサーへの尊敬の気持ちも共有されています」(新田さん)。

新田さんは2007年、まだ東京拘置所に収監されていた袴田さんと、ボクシング関係者としては27年ぶりの面会を果たしている。すでに長期間の身柄拘束による拘禁反応が見られた袴田さんだったが、ボクシングの話は噛み合った。釈放後の2015年、後楽園ホールに設けた「袴田巖シート」での観戦に招待した際も、袴田さんは集中して試合に見入り、専門用語を交えて様子を説明していた。ボクサーの習性が染みついているのだ。

「袴田さんの表情は、4年前の釈放直後とは比べものにならないほど明るくなりました。自由でいられることが何よりの薬だと実感します。ボクシングへの関心度は上がったり下がったりですが、いつでもアクセスできるようにしておくことが私たちの役目です」(新田さん)。

ボクサーたちは支援活動を「『元ボクサー』を理由に理不尽な疑いをかけられた袴田さんの誇りを取り戻す闘い」と位置づけてきた。それは、自分たちの「誇り」を再確認する営みでもある。だからこそ一刻も早い、袴田さんが元気なうちの再審開始と無罪判決を待ち望み、今回のキャンペーンでその動きを加速したいと意気込む。

3　国会議員連盟の動き

常日頃から目立った活動をしているわけではないが、忘れてはならないのが、超党派の国会議員でつくる「袴田巖死刑囚救援議員連盟」だ。

発足したのは2010年4月。中心になった議員の落選や失職といった事情もあり、活動を再始動したのは、静岡地裁が再審開始決定を出す直前の2014年3月。そして、今回の高裁決定前の2018年3月に改めて総会を開き、法務省に対し、特別抗告の断念を検事総長に指揮するよう申入れもした。

民間で支援運動を担うメンバーが「反体制」寄りになりがちなのに対して、現在の議連の会長と事務局長は、ともに自民党議員。議連には共産党まで幅広い議員が参加しており、その主張を法務省はじめ政府も無視できないと思う。

(1) 役員を一新し再始動（2014年3月）

袴田巌さんを支援するため国会議員がつくる「袴田巌死刑囚救援議員連盟」は2014年3月18日、国会内で総会を開き、活動を再開した。

議連は4年前に57人で発足したが、牧野聖修・前会長（民主）、鈴木宗男・前事務局長（新党大地）ら主要メンバーが落選・失職して休眠状態だった。袴田さんの第2次再審請求審が2013年暮れに静岡地裁で結審し、近く決定が出されるのを前に、体制を一新して再始動することになった。

総会では、新会長に地元・静岡選出の塩谷立・衆院議員（自民）を選出するなど新役員を決めた。超党派の約50人が参加しているという。

塩谷氏は「国会議員としてやれることをしっかりやりたい」とあいさつ。袴田さんが長期の拘置による拘禁反応のほか認知症、糖尿病を患っている疑いがあるうえ、3年半も面会に応じていないことに触れ、「再審請求の結果によって法相に（対応を）要請したい」と述べた。

最後に総会決議を採択。東京拘置所の袴田さんとの面会を果したり、医療面での処遇を改善させたりするとともに、死刑の執行停止命令を法相に発令させること、再審開始決定が出た場合に検察に即時抗告を断念させることに、「全力を挙げる」と宣言した。

⑵　法務省へ申入れ（2018年5月）

超党派の国会議員約50人でつくる「袴田巖死刑囚救援議員連盟」は2018年5月14日、東京高裁が再審開始を認めた場合に、上川陽子法相が検察庁法に基づいて検事総長に特別抗告の断念を指揮するよう、法務省へ申し入れた。

塩谷立会長（自民党衆院議員）と自民、公明、共産、維新の計5議員が参加。塩谷会長は応対した小山太士官房長に「袴田さんは高齢で時間がない。人道的に考えてほしい」と強調したという。議連は今後、上川法相に面会して改めて要請したいとしている。

4　新たな人生へ、姉との二人三脚／映画『袴田巖　夢の間の世の中』が完成（２０１６年2月26日）

２０１４年3月に東京拘置所から釈放された袴田巖さんは、３カ月後から郷里の静岡県浜松市で姉の秀子さんと暮らしている。姉弟の生活風景を追ったドキュメンタリー映画が公開されたのは、２０１６年のこと。秀子さんの希望もあって2人の日常がそのままに描かれ、飾らない姿が冤罪のむごさを静かに、そして丹念に伝える作品になった。

(1)　「ありのままを見てほしい」

「それまではニコリともしない憎たらしい女でした。でも、冗談を言って笑えるようになりました。これからは可愛らしい女になろうと思います」。

どこかの女優のようなセリフをさらりと口にしても、けれん味は感じさせない。その主は、いま83歳。小柄な体の背筋をスラリと伸ばして、きっぱりと言葉を紡ぐ。

袴田秀子さん。２０１６年1月下旬、東京都内で開かれたドキュメンタリー映画『袴田巖　夢の間の世の中』の試写会で、金聖雄監督と対談した時のひとコマだ。「それまで」とは、弟の元プロボクサー・巖さんが静岡地裁で再審開始決定を受け、東京拘置所から釈放された

２０１４年３月27日までを指す。

事件の発生は１９６６年６月。１カ月半後に逮捕された巖さんの身体拘束は、半世紀近くに及んだ。死刑が確定してからでも33年間である。そして、秀子さんは毎月、浜松から東京拘置所に通い続ける。２０００年代に入ってからは、長期間の拘置による拘禁反応に侵された巖さんに、面会を拒まれることも多かった。

想像しきれない時間であり境遇であるだけに、私たちは秀子さんにステレオタイプの「けなげな姉」のイメージを抱きがちだ。しかし、１年半以上にわたって密着した金監督は、２０１６年２月13日に都内で開かれた集会でこう語った。

「秀子さんは『弟のために人生を捧げた』と言われるのを一番嫌います。『私には私の人生がある。私は私の人生を生きてきただけ』と。巖さんが戻ってきて、そんな秀子さんからにじみ出る笑顔が眩しく、撮影したくなりました」。

秀子さんのスタイルは、巖さんの釈放後も貫かれている。

映画のワンシーンが象徴的だ。浜松市の自宅で、姉弟が食事をとっている。でも、それぞれ別のテーブルに座り、とりたてて会話もないまま淡々と箸を運ぶのだ。

「食べるのに１時間もかかるんだから、付き合っていられない」と秀子さん。周囲が巖さんを心配しても「いいのよ、ほっとけば」が口癖である。

実は釈放されて間もない頃、巖さんに手を上げたことがあったそうだ。支援者に失礼な言動をしたのが理由だが、それをきっかけに考え直した。

「巖には巖の世界がある。思ったことは行動に移してしまうから、説得しようとしてもできやせん。拘置所にいるのに比べれば多少のことは何でもないし、巖が生きていたのが何より。あれこれ言わず好きにさせることにしました」。

それでも、巖さんの帰宅が遅くなると、「一日二日帰ってこなくたっていいのよ」と言いながら心配そうに窓の外を眺めている。「いじらしい一面もあって、距離の取り方は絶妙です」(金監督)。

映画は姉弟の生活風景を、時にユーモラスに時にシリアスに、丁寧に追っていく。釈放間もない2014年5月に撮影を始め、200時間の映像を1時間59分に編み上げた。

ひたすらに自宅の中を歩き、日記を付け、親類の乳児に目を細める巖さん。弟の世話をしながらも、体操にいそしみ、パソコンの麻雀ゲームに興じる秀子さん。すごい出来事が起こるわけではないし、いまだ無罪確定に至らぬ「裁判」の場面も出てこない。

「巖さんの存在自体がメッセージ」と金監督。そのコンセプトは「ありのままの巖を見てほしい」という秀子さんの望みに通底している。巖さんに染みついたボクシングになぞらえて「見た後にじわりと効いてくるボディーブローのような映画」を志向した。

⑵ 人を幸せにする「権力者」

さて、巖さん。

釈放から2年間の変化は映像で確かめていただくとして、最近は散歩が日課だ。正午前後から日暮れまで4～5時間、自宅と浜松駅の周辺を1人で「巡視」している。本人いわく、「浜松のまちを守っている」。秀子さんは、弟が自由に動き回れる喜びを込めて「徘徊」と呼ぶのだけれど。

レシートなどから推察するに途中でパンを買って食べたり喫茶店に入ったりしていて、銀行員の名刺を持ち帰ったりもする。昨秋には、昔の勤務先に1人で行こうと往復10キロはある道のりを13時間かけて歩き、午後10時に帰宅したこともあった。

映画では将棋にはまる様子が印象的だが、散歩に出かけ始めると、すっぱりやめてしまった。ただ、毎朝開くようになった新聞では、将棋欄にしっかり目を通しているという。4カ月ほど前からなぜか米飯を敬遠し、カップ麺を食べているそうだ。

拘禁反応の影響で今も脈絡のない会話が多く、秀子さんは「精神面の回復は2年では無理です」と言うが、一方で金監督は、ほの見える深意を推し量っている。

たとえば、巖さんがしばしばなりきる「権力者」。

「巖さんは、自分を苦しめた権力を自分の世界で手に入れ、冤罪や死刑制度をなくし、世界

映画『袴田巖　夢の間の世の中』から（© Kimoon Film）。

平和を実現しようとしている。あくまで人を幸せにするために、権力を使おうとしているのです」。

タイトルの『夢の間の世の中』は、巖さんが獄中から知人に宛てた書簡から採った。江戸時代の武士の言葉で「束の間の人生、やりたいことをやらなきゃ」といった意味だ。そこに、自分が作り出した夢の世界と現実の日常との間をさまよう巖さんを重ね合わせた。

ちなみに、タイトルの文字は巖さんの直筆だ。依頼すると快諾し、慣れない筆ペンを握ったという。「自分の名前の前に『権力者』と書かんでいいのか、って聞いてきてね」。その時の様子を説明しながら、秀子さんは屈託なく笑った。

そうそう、主人公の巖さんも2016年はじめに金監督、秀子さんらと自宅で映画を鑑賞している。

「最後まで通して見てくれました。ボクシング観戦とか秀子さんとのやり取りとか、ところどころの場面で、あおいでいる団扇が止まるんです。興味を持ってもらったようで、うれしかった」（金監督）。

上映後に感想を尋ねられた巖さんは「こんな映画はウソなんだ。仕組まれたことで、袴田巖をヨボヨボに描いて殺そうとしている」と答えていたそうだ。

「でも、その様子はどこか朗らかで楽しそうでした」。金監督と秀子さんに共通する見立てである。

5　姉の秀子さんが伝える思い

映画の「主役」となった袴田秀子さんは、静岡地裁の再審開始決定のずっと前から、各地を地道に回って、自ら多くの人に支援を要請してきた。

集会に呼ばれると対談形式で語ることが多かったが、やがて講演スタイルが主体になった。場慣れして話がうまくなるにつれて、内容はパワーアップ。飾らない口調と相まって説得力は増し、「再審無罪」を世論に訴える大きな力になっている。

再審開始決定前と決定後の様子を、それぞれ紹介したい。

(1) 周囲への謝意を何度も（2012年12月）

袴田秀子さんが各地を回って再審無罪への思いを伝える「全国スピーキング・ツアー」（主催＝アムネスティ・インターナショナル日本）の神奈川講演が2012年12月8日、横浜市の神奈川婦人会館で開かれた。「袴田巖さんの再審を求める会」の福田勇人・共同代表が「袴田事件」の経緯や問題点を解説。秀子さんは、事件発生以来の弟・巖さんや家族の様子を語り、周囲への感謝の気持ちを何度も口にした。

福田さんは、犯行に使われたとされるクリ小刀の刃先が見つかっていないなど、事件には重要な部分で未解明の点が残っていると指摘。裁判で証拠採用された巖さんの供述調書が1通だけだったこと、最近開示された巖さんの供述録音テープに秘密の暴露がないことなど、当時の捜査の問題点を挙げた。

第2次再審請求の動向にも言及。DNA鑑定を担当した検察推薦の学者が静岡地裁の証人尋問で「自分の鑑定結果を『信用しないでくれ』と言っている」ことなどに触れて、検察の対応を批判した。

対談形式で登壇した秀子さんは、子どもの頃からの家族の写真を映しながら、巖さんの幼少・青年期について「とてもおとなしい子どもだった」「柔道をやっていたのに、知らぬ間にボクシングを始めて国体に出場した」と回想した。

事件が起きた時に巖さんから「強盗だか何だか分からんよ」と電話があったこと、逮捕された日には秀子さんの部屋も警察の捜索を受けたこと、親が亡くなったのを拘置所の巖さんに伝えずにいたら「(親の)夢を見た。夢のように元気だったらいいのですが」と手紙が来たこと、兄と3人で面会に行った時に懸命に事件のことを話していた巖さんの様子——などを次々に述懐。秀子さん自身、つらい思いを紛らわそうと「お酒に頼った時期があった」ことまで紹介した。

そして、逮捕からこれまでの46年間を「私たちが励まされていた。支援者がいたから私がある」と振り返り、今回のスピーキング・ツアーにも「これまで旅行をする気持ちの余裕はなかった。皆さんがいろいろと声をかけてくれて非常にうれしい」と謝意を示した。

前向きで周囲への気配りを忘れない秀子さんの話に参加者は聴き入り、事件への関心を持ち続ける大切さを改めて感じていた。

(2) 50年間の心情を改めて吐露(2016年10月)

袴田秀子さんの講演が2016年10月8日、東京・水道橋のスペースたんぽぽで催された。これまでは対談形式で話すことの多かった秀子さんだが、この日は1人でマイクを持つと、1966年の事件発生当時のことから最近の弟・巖さんの様子まで、1時間15分にわたって熱弁を振るった。

講演は、ジャーナリスト・浅野健一さんによる「人権とメディア」講座の一環として行われた。

「事件から半世紀が経ち、30歳だった巖は80歳になりました。巖は当時、（自分の）子どもを（静岡・浜北の）実家に預けていて、週に1回、（事件の起きた清水から）帰ってきていました。それが突然、逮捕されたのです」。

こう切り出した秀子さんは、事件発生をテレビで知った時に「巻き込まれなければいいが」と心配したこと、巖さんが帰省した際に全く変わらない様子で近所の人と話しているのを見て安心していたことを、述懐した。

巖さんが逮捕された1966年8月18日の早朝、秀子さんのアパートの部屋にも刑事4人が令状を持って家宅捜索に来た。巖さんからもらった味噌を押収していったそうだ。警察署に同行を求められた秀子さんだったが、何を聞かれても分かるはずがない。聴取は朝7時から夜7時まで続き、巖さんの部屋にあった秀子さんのメモに対して「これはなんだ」と追及されたという。そこに書かれていたのは、アパートを探した際の大家さんの名前だったのだが…。

秀子さんは2カ月間、仕事を休んで、実家で過ごした。しかし、巖さんを犯人と決めつける報道があふれ、一歩も外に出られない。「巖がそんなことをするわけはない」とも言えない状態で、事件のことは一切口にせず、テレビ、ラジオや新聞は見なかった。

裁判が始まってからも、最初の10年くらいは大きな支援の動きはなかった。傍聴した母親が「この裁判はおかしいね」と漏らしたことを覚えている。「5点の衣類」の1つの緑色ブリーフと同じものが、巖さんの兄のところにあると分かった時の母親の喜びようは忘れないが、判決は結局、「母と兄がウソをついている」と認定してしまった。

秀子さんもアルコール中毒の一歩手前まで行ったが、「『誰が何を言おうが言わせておけ』と開き直り、腹をくくって今まで過ごしてきました」。死刑判決が確定して記者会見に臨んだ時は「弁護士も支援者も、みんな敵に見えた」と、やり場のない気持ちを吐露した。

そして、巖さんに「ありとあらゆることをやろう」と決意を告げる。その後、巖さんに面会を拒否されながらも、秀子さんが毎月の拘置所通いを欠かさなかったのは「ひょっとして、また会う気になるかも。それに私が来ていることは本人に伝わるだろうから、見捨てていないというメッセージになると思って」のことだった。

再審開始決定に至るまでの秀子さんの厳しい境遇には、聞くたびに多くのことを考えさせられる。私たちも、冤罪がつくられた一因に世間の偏見や無関心があったことを、自分の問題として真摯に受けとめなければならない。

さて、秀子さんは、再審開始決定が出て巖さんが釈放された時のことや、巖さんの最近の生活ぶりを詳しく説明したうえで、裁判への思いをこう語った。

「（東京高裁での）三者協議はなかなか進まなくても、40何年も待ったんだから、あと3年や5年かかってもいい」。

巖さんの保佐人として再審請求の当事者になっているにもかかわらず、秀子さんは依然として三者協議に出席できないままだ。最近は「協議をする部屋の前まで行って、私が来ていることをアピールしている」との由。「検察官も、あいさつくらいはしてくれます」と、裁判所や検察の対応をチクリと皮肉った。

巖さんの今の体調については「拘禁症状は多少良くなっても、拘置所生活の延長上」とみている。「午前中は様子がおかしい」そうで、死刑が執行される時間帯であることが影響しているようだ。巖さんは「こがね味噌事件はなかった（注：「こがね味噌」は事件が起きた会社の通称）」と事件のことは語らないが、秀子さんは本人が話すまで待っているつもりでいる。

「治らなくてもいい。せめて裁判が終わるまで長生きしてほしい」と力を込めて、講演を結んだ。

6　袴田さんの変化を実感する「誕生会」

最後に、袴田巖さんの「誕生会」に触れたい。

釈放されて以来、毎年3月10日の誕生日に合わせて、浜松市の自宅で地元の支援者が開いている。傘寿（80歳）のお祝いとなった2016年と、高裁決定を前にした2018年の様子を紹介する。

東京在住の私には、生身の袴田さんに接することができる貴重な機会だ。その表情や言葉に間近で触れるにつけ、拘置所を出た直後からの変化が実感される。そして、一刻も早く、再審無罪判決によって平穏な暮らしを確固たるものにしなければならない、との思いを強くするばかりである。

(1)　本人曰く、23歳／傘寿を祝う会（2016年3月）

2016年3月10日で80歳になった袴田巖さんの「傘寿を祝う会」が3月12日、浜松市の自宅で開かれた。支援者ら約30人が集まり、姉の秀子さん（83歳）と静かな日々を過ごす巖さんを囲みながら、改めて早期の再審開始――無罪確定を目指すことを誓った。

巖さんは上機嫌な様子で、最初のあいさつでは饒舌に「持論」を展開。ケーキに立てたロウソクの火を吹き消し、ワイン（アルコール抜き）を飲み干した後、お目当てのケーキに入刀して大きなカットをたいらげると、満足そうな表情を見せていた。

本人曰く、23歳。「支配者は年を取らない」とのこと。穏やかで楽しい会だった。

それにしても、どんなにつまらない質問に対しても、巖さんからよどみなく、かつ丁寧な答えが返ってくることには、本当に驚かされる。ピント外れの内容が多いのは事実だが、かつて飼っていた犬の名前とか、ボクサー時代のフィリピン遠征で利用した航空会社とか、時に正しい記憶が交じっていることもある。

「巖さんの内面には、話したいことが48年分、詰まっているに違いない」と受けとめた。思考の回路が元に戻ってほしいと、切に願わずにいられない。

(2)「裁判の結果は分かっている」／袴田さん82歳に（2018年3月）

2018年3月10日で82歳になった袴田巖さんと、2月8日に85歳になった姉・秀子さんの誕生会が3月10日、浜松市の自宅で開かれた。

日課の散歩から午後5時すぎに帰宅した巖さんは、いったん1人で自分の部屋に入ったものの、やがて詰めかけた支援者やマスコミ関係者をすんなりと部屋へ迎え入れ、そのままパー

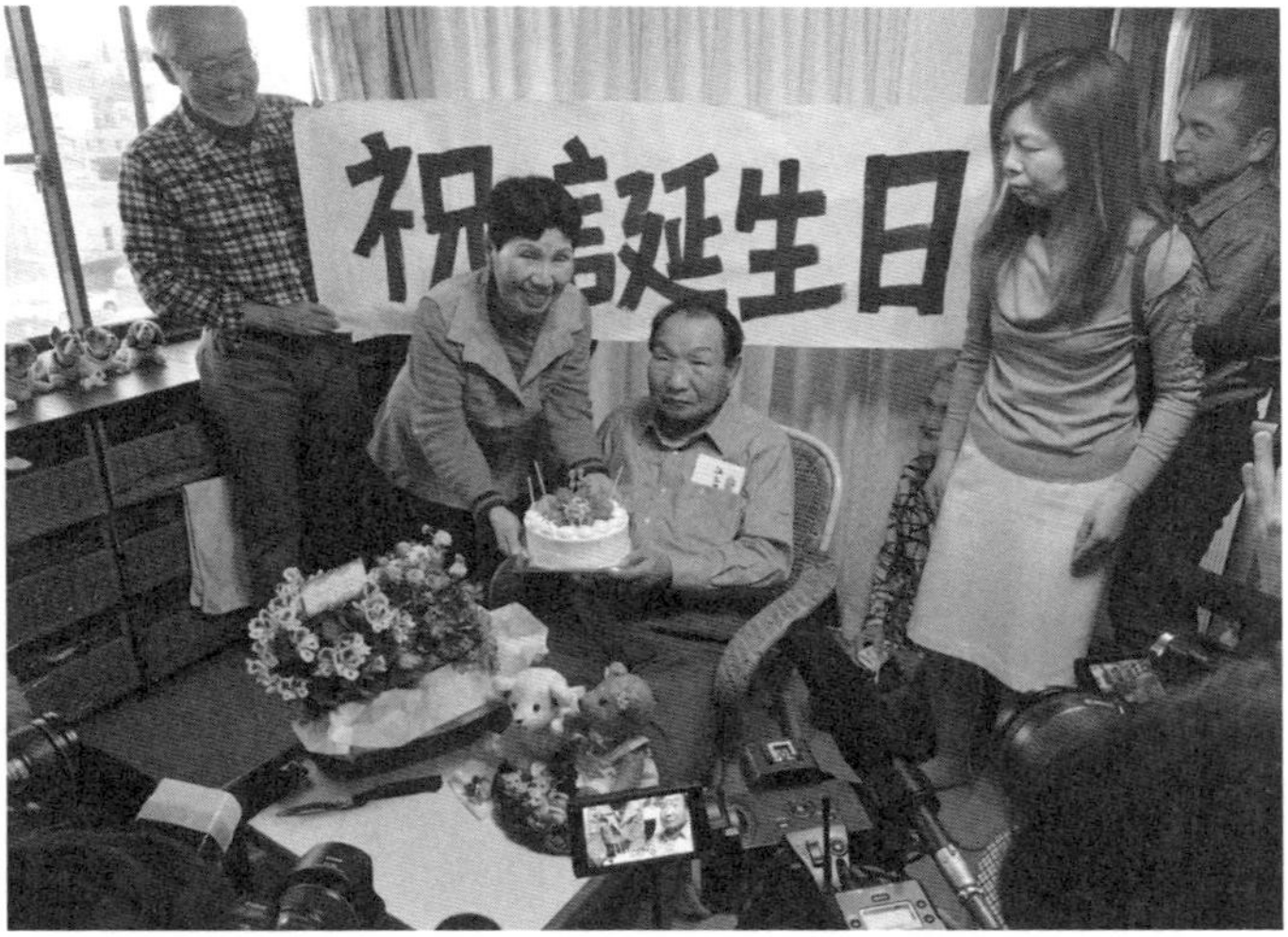

「誕生会」でバースデーケーキを手に撮影に応える袴田巖さんと秀子さん＝2018年3月10日、静岡県浜松市（撮影／小石勝朗）。

ティーに。記者らの質問にすらすらと答えた後、支援者から金一封を贈られると笑顔を見せ、にこやかにバースデーケーキのロウソクを吹き消していた。その後、リビングへ移り、ケーキをおいしそうに頬張った。

齢、23歳だそう。3年続けて同じ年だが、東京へ九州へと足を運ぶ、このところの行動力に鑑みれば、理解できる数字かもしれない。「袴田さんがプロボクサーとしてデビューした年齢。人生で最も上向きだった時期を覚えているのでは」と推測する支援者もいた。

気になるのは、難聴が進んでいること。右の耳に近づいて少し大きな声で呼びかけないと伝わらない。秀子さんが耳垢を掃除しているようだが、医者嫌いの巌さんがその気になるならば医療機関で診てもらったほうが良さそうだ。日ごろ接する支援者からは「相手によって聞こえたり聞こえなかったりする」と、笑い混じりで穿った見方も出ていた。

裁判の見通しについてご本人に尋ねてみると、「自分（巌さん）がやっているんだから、結果は分かっている」とのこと。近々、朗報が聞けるはずだ。

ここ3年続けて誕生会に参加させていただいて、巌さんはこれまでで一番落ち着いた居ずまいだった。ゆっくりであるにせよ、釈放直後からの変化が着実なものであることが見て取れた。

●袴田事件の主な経過一覧

1966年６月30日	静岡県清水市（当時）で味噌会社の専務一家４人殺害。
８月18日	同社住込み従業員の袴田巖さん（当時30歳）が逮捕。
９月６日	逮捕から20日目、袴田さん犯行「自白」。（2014年10月、取調べ録音テープが静岡県警清水署の倉庫で発見され、2015年１月に証拠開示された）。
９月９日	強盗殺人、放火、住居侵入罪で静岡地裁に起訴。
1967年８月31日	同社の味噌タンクから「５点の衣類」が発見される。
1968年９月11日	静岡地裁が死刑判決。
1976年５月18日	東京高裁が控訴を棄却。
1980年11月19日	最高裁が上告を棄却し、死刑判決が確定。
2007年２月	死刑判決を下した静岡地裁元裁判官の一人、熊本典道さんが「合議で袴田さんの無罪を主張した」と告白。
2008年１月24日	袴田巖支援チャリティBOXING～FREE HAKAMADA NOW～（日本プロボクシング協会）。
３月24日	最高裁が第一次再審請求を退ける。
４月25日	静岡地裁に第二次再審請求。
2014年３月18日	袴田巖死刑囚救援議員連盟総会（運動再開）。
３月27日	静岡地裁が第２次再審請求を認め再審開始を決定。袴田さん47年７カ月ぶりに釈放。検察が即時抗告。
2015年12月７日	東京高裁、DNA鑑定手法に関する検証実験を決定。
2017年９月26日 27日	DNA鑑定手法をめぐる２人の法医学者、本田克也・筑波大学教授（弁護側推薦）、鈴木廣一・大阪医科大学教授（検察側推薦）の尋問。
11月６日	３者協議終了。東京高裁は、最終意見書を2018年１月19日、反論書提出期限を2018年２月２日にそれぞれ設定し、同日をもって結審する旨通告。
2018年６月11日	東京高裁が地裁の決定を取り消し、再審請求を棄却。
６月12日	日本プロボクシング協会のメンバーと袴田秀子さんが、法務省に再収監しないよう要請。
６月18日	袴田さんの弁護団が最高裁へ特別抗告。

◎おわりに

初めて「袴田事件」の取材をしたのは2006年6月のことだ。朝日新聞の記者だった私は、その2カ月前に静岡総局に異動していた。かなりの時間を内勤の仕事に充てるよう指示され、思うように取材に出られないフラストレーションを抱えていた。

そんな時に、ボクシング界が袴田事件の支援に再び力を入れ始めたと聞き、飛びついたというのが本当のところだ。第5部で紹介した新田渉世さんのバイタリティーにおされる形で原稿を執筆。「再審開始支援、リングの『輪』」という見出しが付いて、社会面に目立つ扱いで掲載された。

当時は、第1次再審請求が最高裁で係争中。審理の動きが見えないこともあって、東京高裁で請求が棄却された2004年以降、地元の地方版にさえ全くと言っていいほど事件にかかわる記事は載っていなかった。他紙も同じような状況だった。

それから事件のことを少しずつ調べていった。不可解な点が多いとは、おぼろげに認識してはいた。だが、支援者らに話を聞くうち、そもそも有罪＝死刑判決の根拠自体に大きな疑問があることを知った。もう少し取材を続けて記事を書けないか、と思案するようになった。

加えて、事件発生時にひどい犯人視報道が行われていたことを教えられた。第5部で触れているが、第一審の裁判官だった熊本典道さんも新聞記事が死刑判決の背景にあったとの見方を示している。

当時の記事を書いたのは私ではない。でも、死刑の事案ではないにせよ、それまでに書いた多くの事件記事で、似たようなことをしていないと言い切れる自信はなかった。時代が違うという理由で免罪されるはずもなく、格好をつけて言えば、記者である自分の問題として向き合わなければならないと考えた。

では、自分にできることは何か。スクープ記者でもなく飛びぬけた筆力があるわけではない私にも、少しでも多くの人に事件について知らせることはできる、と当たり前の結論に行き着いた。なるべく多くの記事を発信しようと決め、会社を辞めてフリーランスとして活動するようになってからも志は貫いてきた。「数」だけで言えば、21世紀に入ってから袴田事件のことを一番多く記事にしているライターだと自負している。

その延長線上に本書はある。

◇　◇　◇

朝日新聞時代、袴田事件への理解が必ずしも社内で得られていたわけではなかった。没になった原稿もあった。「袴田巖さんの再審開始を求める最高裁宛ての要請書を、支援団体やボクシング協会が広く一般市民から募っている」という内容だった。2006年秋のことだ。「争いのあるテーマなのに、この原稿は市民運動のお知らせで、朝日新聞が一方を応援していると見られる」。

「この事件に読者の関心はない。これは社内の主流の考えだ」。

上司の総局長が挙げた理由は、しっかりと原稿のコピーにメモし、今でもカバンに入れて持ち歩いている。詳しいコメントはしないが、静岡地裁の再審開始決定の頃からの記事や現場の取材態勢を見ていると、「社内の主流の考え」とやらが一貫しているとは到底思えない、とだけ記しておく。そして、一貫性のなさこそが、新聞に対する読者の評価に影響していることも。

いずれにしても、袴田事件に限らず、動きがないうちは関心を示さずにいながら、何かあるとワッと群がって取材をする風潮を考え直さなくて良いのか。偉そうに言うが、ぜひ記者一人ひとりに受けとめてほしいテーマだ。

もう1つ。「袴田事件」という呼び名に違和感を持つ向きもあるだろう。しかし、私はあえて使い続けている。そう名づけたのは、まぎれもなくマスコミであり、袴田巖さんを犯人視した予断と偏見のなごりだからだ。その罪を忘れないためにも、事件の呼び名をうやむやにしてはいけないと思う。

たとえば、朝日新聞はいつからか記事中では「袴田事件」を使うのをやめ、「静岡県清水市で一家4人が殺害された事件」と言い換えている。だが、肝心の理由の説明や反省の言葉はないままだ。そうした曖昧な対応はやめ、かつての自分たちの報道を謙虚に、真摯に見つめ直してほしいと願う。

地裁で再審開始決定が出た後も、袴田事件の報道を重層的に検証した報道機関はない。高裁の逆転決定で機運が遠のいた感はあるが、再審請求が認められようが認められまいが、当時、メディアが袴田さんに対して重大な人権侵害をしたことに変わりはない。そのことを忘れてはいけないと思う。

◇　◇　◇

本書は、私がフリーランスになった２０１１年以降を中心に、第２次再審請求の審理の過程で折々に書いてきた記事に加筆し、新たに執筆した記事を加えて、構成したものだ。会社の所属という重しが外れてからは、それまでにもまして自分の関心のおもむくままに取材してきた。改めて読み返すと、東京高裁の即時抗告審に入ってからも数々の疑念が浮上したのに、裁判所がそれらを放置したまま逆転決定を下したことが分かる。ＤＮＡ鑑定にしても、検証実験の経緯を振り返るほどに、高裁は実施を決めた段階で再審開始決定を覆そうと企図していたと、受け取らざるを得ない。

原稿を書くうえでは、何より分かりやすさにこだわっている。難しい法律用語を前に、一般の読者の皆さんが袴田事件への関心を失ってほしくないからだ。法律の専門家からみるとちょっと違うと感じる点もあるかと思うが、ご了承いただきたい。本書が多くの方にとって、この事件を自分の問題として考えるきっかけになれば幸甚だ。

フリーランスになった私は袴田事件の記事を、主にウェブサイト『マガジン9』の「法浪記」という法律をテーマにした連載コーナーに書いていたが、2017年3月で一方的に打ち切られてからは、雑誌『週刊金曜日』がメーンの寄稿先になっている。本書にはこれらのほかに、ウェブの『ビジネスジャーナル』『集英社webスポルティーバ』、さらに支援団体の会報に載った記事を収録した。

各項のタイトルに添えた日付は、記事の初出時期である。記事中の肩書や年齢などは、基本的に掲載当時のままであることをお断りしておく。

◇　◇　◇

取材の際には、「袴田巖さんの再審を求める会」をはじめ支援団体（後掲）の皆さんの世話になってきた。本書では支援活動のごく一部にしか触れられなかったが、とくに、目立たぬところで地道に息長く営みを続けている支援者に敬意を表したい。

出版にあたっては、現代人文社社長の成澤壽信さんが企画の趣旨をご理解いただき、制作の労を担ってくれた。成澤さんには、私が社会に出て初めて勤めた出版社の先輩編集者だった縁で折に触れて世話になってきたが、それでも知り合ってからの期間は33年である。袴田さんの逮捕から死刑確定、そして釈放に至る歳月の重さを、改めて実感する。

私事になるが、即時抗告審の途中で子どもが生まれた。もうすぐ2歳になる。奇しくも、袴田さんが逮捕された時のお子さんの月齢と同じだ。手はかかっても、その仕草や言葉で至らぬ親を大いに癒やしてくれる小さな存在を前に、もしいま自分が逮捕されて50年近くもそばにいられなくなったら、と想像をめぐらせてみる。とても耐えられないという感情を起点に、袴田さんの痛み、苦しみを少しでも共有したいと思う。

姉の秀子さんは高裁決定後、「100年戦争です」と力を込めた。支援の側にとっても、ゴールがどこにあるのか分からない、混沌とした闘いになってきたのは確かだ。それでも、信じるところへ向かって、しなやかに、したたかに、歩みを進めるしかない。かかわりを続けていきたい。

小石　勝朗

2018年7月

〈参考文献〉

・袴田事件弁護団編『はけないズボンで死刑判決　検証・袴田事件』（現代人文社、２００３年）
・パンフレット「冤罪　袴田事件　無実の死刑囚・元プロボクサー袴田巖さんを救おう」（袴田事件弁護団発行、２０１５年）

〈支援団体〉

袴田巖さんの再審無罪を求める実行委員会（構成８団体＝アムネスティ・インターナショナル日本／日本国民救援会／日本プロボクシング協会袴田巖支援委員会／袴田巖さんの再審を求める会／袴田巖さんを救援する静岡県民の会／袴田巖さんを救援する清水・静岡市民の会／浜松・袴田巖さんを救う市民の会／無実の死刑囚・袴田巖さんを救う会）

〈表紙の写真〉

支援団体が開いた集会であいさつする袴田巖さんと秀子さん＝２０１８年2月24日、東京・水道橋（撮影／小石勝朗）

◎著者プロフィール
小石勝朗（こいし・かつろう）
朝日新聞などの記者として24年間、各地で勤務した後、2011年からフリーライター。冤罪、憲法、原発・地域発電、子育て支援などの社会問題を中心に幅広く取材し、雑誌やウェブに執筆している。主な著作に、『地域エネルギー発電所——事業化の最前線』（共著、現代人文社、2013年）などがある。

袴田事件　これでも死刑なのか
2018年8月10日　第1版第1刷発行

著　者……小石勝朗
発行人……成澤壽信
発行所……株式会社現代人文社
〒160-0004　東京都新宿区四谷2-10 八ッ橋ビル7階
振替　00130-3-52366
電話　03-5379-0307（代表）
FAX　03-5379-5388
E-Mail　henshu@genjin.jp（代表）／hanbai@genjin.jp（販売）
Web　http://www.genjin.jp
発売所……株式会社大学図書
印刷所……株式会社ミツワ
ブックデザイン……Malp Design（清水良洋＋佐野佳子）

検印省略　PRINTED IN JAPAN　ISBN978-4-87798-709-1　C0036